J'ai ma place en classe!

averbode ÉDUCATIF

Introduction

La vie d'une classe n'est jamais un long fleuve tranquille. Chaque jour, de grands et petits événements surgissent et influencent le climat général de la classe. Positifs ou négatifs, ils demandent toujours une réaction de la part de l'enseignant(e). L'éducation sociale et à la citoyenneté se fait au jour le jour, dans une dynamique constante, l'objectif étant d'aider vos élèves à se connaître, à prendre confiance en eux, à connaître les autres et à accepter les différences (socles de compétence).
"J'ai ma place en classe" offre des outils d'éducation sociale et à la citoyenneté pour mieux vivre en classe. Cette version adaptée au 4e cycle de l'enseignement fondamental est composée d'un livret de l'élève et d'un livret de l'enseignant. Ce double outil s'articule autour de 10 thèmes sélectionnés en fonction de la vie d'une classe du 4e cycle (10-12 ans).
Dans le livret de l'élève, chaque thème fait l'objet d'une BD à l'approche originale et humoristique et d'une exploitation à utiliser en classe, structurée en deux chapitres récurrents (T'as pigé la BD? T'en penses quoi?). Ces pages actives stimulent l'enfant à réfléchir à son propre fonctionnement et à celui des autres.
Le livret de l'enseignant propose pour chacun des 10 thèmes:
- des éclairages psychologiques (2 pages) qui font le point sur le stade de développement de l'enfant de 10-12 ans en ce qui concerne le thème abordé et proposent des pistes pour l'aider à grandir;
- des suggestions pédagogiques (2 pages) qui offrent des pistes très concrètes d'activités pour mieux vivre en classe.

En éditant ces deux livrets "J'ai ma place en classe - 4e cycle", nous espérons offrir à l'élève du 4e cycle des occasions concrètes de prise de conscience de son fonctionnement au sein de la classe et à l'enseignant(e), un support pédagogique et psychologique pour renforcer la dynamique de la vie de sa classe.

Bonne année scolaire!

J'ai ma place en classe! – livret de l'enseignant (4e cycle - 10-12 ans)
Outil d'éducation sociale et à la citoyenneté pour mieux vivre en classe
Suggestions pédagogiques: Ingrid Delmot (thèmes 1, 2, 3, 4, 8, 9 et 10) et Patricia t'Serstevens (thèmes 5, 6 et 7)
Eclairages psychologiques: Marianne Leterme
Illustrations: Pénélope Paicheler

D/2006/39/85
ISBN 90-317-2344-4

48 pages – format 21 x 29,7 cm
enseignement primaire
éducation sociale, classe
www.averbode.be

averbodeÉDUCATIF

Sommaire

voir livret de l'élève p. 8

Préambule

Le développement d'un enfant s'opère par une succession d'étapes au cours desquelles des progrès se font, des changements interviennent dans les différentes facettes de sa personne: habiletés physiques, intellectuelles, sociales, affectives. La tranche d'âge de 10-12 ans est une de ces étapes. Les âges "charnières" qui sont donnés ne sont bien sûr pas figés, tant il est vrai que l'évolution se fait de manière différente d'un enfant à l'autre. En 5e et 6e années primaires particulièrement, les différences peuvent être très grandes entre les enfants d'une même classe, d'autant qu'il est fréquent d'y rencontrer plutôt la tranche d'âge 10-13, voire 14 ans que 10-12 ans. Toutefois, il est possible de donner un éclairage sur la manière dont les choses évoluent, sous forme d'un continuum, valable pour tous les enfants.

Enfants, pas adolescents

L'étape de "10 à 12 ans" a été décrite par un auteur de référence[1] comme étant celle de la "maturité enfantine": le sujet sort peu à peu de l'enfance tout en n'étant pas encore dans l'adolescence. Et nous nous permettons d'insister sur cela: il n'est pas encore dans l'adolescence.
Contrairement à ce que d'aucuns avancent, les enfants ne sont pas "plus avancés" qu'avant. S'il est vrai qu'ils développent très vite les habiletés nécessaires à utiliser les fruits des dernières avancées technologiques (GSM, Internet, lecteur DVD), s'il est vrai aussi que, très jeunes, ils sont informés de beaucoup de choses, il n'en reste pas moins vrai que leur développement ne peut se faire de manière harmonieuse que si on en respecte les étapes sans vouloir les précipiter, sans confronter les enfants à des expériences ou à des informations qu'ils ne sont pas encore à même d'intégrer de manière positive. Après avoir bénéficié d'une enfance à part entière, pendant toute leur scolarité primaire, ils seront armés pour affronter les bouleversements de l'adolescence.
Les enfants ont un besoin essentiel de repères aussi clairs que possible, même s'il est de moins en moins facile, que ce soit pour vous, enseignants, ou pour les parents, de décider des repères à donner, tant la cacophonie est grande à ce sujet dans notre société. Aussi est-il primordial, au préalable, d'avoir clairement en tête l'idée qu'à 10-12 ans, les "petits d'hommes" sont encore des enfants à part entière.

[1] Paul Osterrieth

Se connaître, prendre confiance en soi

Entre 10 et 12 ans, l'enfant se trouve à un carrefour important dans le développement de sa personnalité: il intensifie ses contacts sociaux, il s'émancipe totalement du concret pour raisonner, il évolue encore dans son intériorité. Il s'appuie sur son passé pour préparer son avenir; il est pétri des événements qu'il a vécus jusque-là mais est sensible aux expériences des autres; il est encore très dépendant de ses parents mais commence à prendre plus d'autonomie; il est très sensible au regard des copains/copines mais veut être lui-même. Il peut se projeter dans l'avenir, s'identifier à une personne qu'il admire. Certains – plus souvent chez les filles – sont confrontés aux transformations physiques que subit leur corps.
Cette période est donc très sensible dans la construction psychologique de l'enfant: celui-ci doit se sentir, tant de la part de l'adulte que de la part de ses pairs, accepté tel qu'il est, respecté dans son vécu singulier, même si on peut l'amener à être critique par rapport à cela et à s'ouvrir à d'autres points de vue. Les remarques blessantes, les injustices peuvent, à cet âge plus qu'à d'autres, laisser des traces indélébiles. Aussi, par exemple, si des problèmes se posent quant au suivi éducatif d'un enfant (sommeil, hygiène, arrivées tardives), il est essentiel de ne pas passer par l'enfant pour envoyer des messages aux parents ("tu diras à tes parents que...") mais de contacter ceux-ci directement. Il est important de par-

ler d'un problème qui se pose à l'enfant concerné en particulier, et non en prenant la classe à témoin. La formulation des remarques est également importante: plutôt que de dire "j'en ai marre de toi, je ne te supporte plus", préférer "j'ai vraiment du mal à accepter cette façon d'agir et à garder patience". Cela ne fige pas l'enfant dans son comportement négatif, voire inacceptable, et lui permet d'intégrer le fait que ce n'est pas lui en tant que personne qui est remis en cause mais bien ses actes. On reste ainsi dans une perspective dynamique où le changement est possible.

Eclairage sur la bande dessinée

Les différences existent; ce n'est pas en les niant qu'on les fera accepter ou respecter, au contraire. Toute la difficulté est d'amener à faire prendre conscience du fait qu'être "différents" ne veut pas dire qu'il y ait un bon et un mauvais, un valable (qui appartient au même camp que moi) et un non valable (qui appartient à l'autre camp).
Pour ce qui est des différences entre filles et garçons, pourquoi ne pas faire une enquête avec les élèves? Décider des sujets sur lesquels on a envie d'avoir les avis des uns et des autres, et soumettre le questionnaire aux élèves de la classe (ne pas mentionner les noms sur le document, simplement l'appartenance sexuelle), à d'autres classes, aux parents... Exemples de questions: les garçons sont-ils meilleurs en sport que les filles? Les garçons sont-ils moins sensibles que les filles? Est-ce que ce sont uniquement les mamans qui doivent s'occuper des enfants, ou les papas aussi?
Puis analyser les résultats obtenus et discuter ensemble de ces réponses en termes de différences et de points communs entre filles et garçons/femmes et hommes: il y aura des tendances générales mais aussi des particularités.

Développement affectif et sexuel

Une problématique délicate pour les 10-12 ans est celle du développement affectif et sexuel. Certains enfants commencent à se transformer physiquement, mais surtout tous sont confrontés, via la TV et Internet, à des images à caractère sexuel, à de multiples narrations de relations "amoureuses" dans les sitcoms et autres feuilletons qu'ils affectionnent; de nombreux enfants vivent l'expérience de parents qui, après une séparation, se retrouvent eux-mêmes dans la situation de vivre une nouvelle relation amoureuse, avec toute "l'exubérance" que cela peut parfois présenter. Tout cela a pour conséquence que de plus en plus fréquemment, en 5e et 6e années primaires, des problèmes se posent à ce sujet: certains enfants tiennent des propos ou ont des gestes vulgaires; racontent des films ou amènent des images pornographiques; des garçons mettent des filles mal à l'aise par leur comportement ou leurs suggestions. Il est indispensable, le cas échéant, d'affronter la question. Des personnes-ressources peuvent être interpellées (le PSE, le centre PMS, les équipes SOS-enfants) pour aider à mener à bien des animations sur le sujet.
Il est essentiel que les enfants reçoivent des informations correctes sur les changements physiques qui s'opèrent dans leur corps, puissent parler de leurs craintes et de leurs aspirations, discuter avec des adultes référents des relations affectives et sexuelles, poser des questions et y recevoir des réponses franches, être (re)cadrés. Si la démarche s'opère avec le soutien de personnes-ressources, il importe d'en informer les parents au préalable et d'intégrer ceux-ci dans le processus. 10-12 ans est l'âge idéal pour que les parents abordent le sujet avec leur enfant. Entrant dans l'adolescence, les jeunes sont troublés intérieurement par les transformations qui s'opèrent et le sujet sera devenu tabou. Or il n'est pas bon qu'ils n'aient pour seule information que ce que les copains ou les médias peuvent leur apprendre. Confiants dans le dialogue qui se sera instauré en toute sérénité, ils pourront interpeller les adultes dès qu'une question ou un problème éventuel se présentera.

Notre personnalité est un véritable puzzle dont nos proches ne connaissent que l'un ou l'autre morceau. Nous-mêmes n'en connaissons pas tous les aspects. Ils se révèlent souvent au gré des circonstances et au travers du regard des autres. Le début de l'année scolaire est un moment privilégié pour favoriser la découverte mutuelle entre l'enseignant(e) et les élèves. Aussi, dans l'activité proposée, il sera intéressant que l'enseignant(e) joue le jeu avec les élèves.

1. "Mon livret-puzzle"

L'activité proposée se préparera en début d'année et se complètera tout au long de celle-ci. Elle s'inscrit dans la recherche progressive de la connaissance de soi et des autres qui induira une plus grande confiance en soi et en les autres.

Première étape

But Faire prendre conscience aux enfants que leur personnalité ressemble à un puzzle.
Matériel Revues, publicités, journaux, hebdomadaires, feuilles blanches A4, ciseaux, colle
Durée 2 périodes
Déroulement
1e période (de 50 min)
Chaque enfant découpera dans les revues des photos qui le représentent (objets, lieux, personnes, animaux, jeux, émissions télévisées...) et les collera sur la feuille en ne laissant aucun blanc. Le découpage pourra se faire à la maison.
Le résultat obtenu constituera un puzzle représentant les premiers éléments de la personnalité de chacun. Toutes ces feuilles seront exposées pour toute la durée de l'année et serviront de fond décoratif aux "livrets-puzzles" (voir 2e étape).
2e période (plusieurs périodes de 10 minutes)
Chaque enfant présentera sa feuille en expliquant ses choix. Lors de cette découverte mutuelle, les autres prendront des notes concernant des éléments qu'ils ne connaissaient pas. Après chaque présentation, la feuille sera affichée sur un panneau, un mur ou une porte.

Deuxième étape

But Créer un "livret-puzzle" qui sera complété au fur et à mesure de l'année.
Matériel Des feuilles blanches légèrement cartonnées (attention: papier non glacé)
Des pièces de puzzle de formes différentes et agrandies en plusieurs exemplaires (maximum 15 cm de large et 20 cm de long). Ces pièces seront collées sur un carton pour servir de modèle à contourner.

Durée 1 période
Déroulement
Chaque enfant choisira une forme de pièce parmi celles proposées, la reproduira sur 20 feuilles blanches cartonnées et découpera ces 20 pièces.
L'ensemble de ces pièces sera perforé d'un trou dans lequel on passera une corde que l'on fermera par une cocarde. Chaque livret sera accroché par un clou sur le panneau qui contient déjà tous les les collages d'images réalisés par les élèves (voir 1e étape - 1e période).
Chaque page correspondra à un aspect de la personnalité de l'élève. Ces livrets resteront accessibles aux enfants et à leurs camarades qui pourront les relire. Il faudra bien entendu fixer des règles avec les

enfants à propos du respect des livrets: pas de détériorations ni de moqueries. (A ajouter aux règles de vie de la classe.)
Variantes
On pourra imaginer que ce "livret-puzzle" se présente sous la forme d'une palette de peintre; notre personnalité pouvant être comparée à une palette de couleurs plutôt qu'à un puzzle. Ou encore sous forme d'une carte d'identité dont la première page imiterait celle-ci.
Peu importe la forme choisie, le contenu et l'objectif resteront identiques.

Troisième étape

But Compléter le livret.
Matériel Le livret, cartes d'identité ou photocopies de celles-ci, photo de chaque enfant, différents plans (quartier, village, ville, région)
Durée 1 période
Déroulement
Chaque enfant indiquera le titre des trois premières pages du livret puis les complètera.
Page 1: "Ma carte d'identité"
Observer plusieurs cartes d'identité et repérer les éléments communs à chacune.
Cette page comportera les mêmes éléments que ceux que l'on trouve sur une carte d'identité et se présentera de la même manière.
Page 2: "Ma famille"
Chaque enfant dessinera sa famille et indiquera en dessous de chaque personnage son nom et son âge.
L'enseignant(e) sera attentif(-ve) aux élèves dont la structure familiale est plus complexe. De nombreux enfants vivent en effet au sein d'une famille recomposée et pourront avoir tendance à se perdre dans leur propre arbre généalogique.
Cette activité sera aussi l'occasion d'observer la façon dont l'enfant a dessiné: position des personnages entre eux, dimensions des différents membres de la famille, représentation du schéma corporel, etc. Sans être des spécialistes des dessins d'enfants, nous pouvons être interpellés par les créations de certains.
Page 3: "Mon domicile"
Chaque enfant se dessinera à coté de son lieu de vie. Profitez-en pour observer la façon dont l'enfant envisage les proportions. Sur le verso, il collera en superposition les différents plans et indiquera sur chacun (si possible) un point rouge à l'endroit de son domicile. Envisagez cette activité à la suite d'un travail sur l'orientation dans le quartier ou la ville. Là aussi, il faudra être attentif aux élèves qui ont deux maisons.
Si des enfants ont terminé ces 3 premières pages, proposez-leur de décorer la couverture de leur livret.
Et quand tous auront terminé, ils pourront s'échanger leurs livrets et se raconter les uns aux autres.

Quatrième étape

But Compléter toutes les pages du livret.
Déroulement
Ces pages seront complétées au fur et à mesure de l'année. On pourra y revenir à différents moments si vous estimez qu'il y a des choses à ajouter ou à modifier. Progressivement, l'enfant se rendra compte que son caractère et ses goûts sont en constante évolution.
Voici les titres des pages suivantes:
Page 4: Mon caractère
Page 5: Ce qui me rend heureux(-euse), malheureux(-euse)
Page 6: Mes matières préférées
Page 7: Mes amis
Page 8: Mes qualités
Page 9: Mes défauts
Page 10: Mes dons
Page 11: Mes activités en dehors de l'école
Pages 12 à 14: Mes goûts (films, livres, couleurs, nourriture, musique, peinture…)
Les titres des dernières pages pourront être ajoutés au cours de l'année.

Possibilité d'affichage des livrets-puzzles

2. "Le livret-puzzle de la classe"
Parallèlement au "livret-puzzle" de l'élève, on peut proposer aux élèves un "livret-puzzle" de la classe. Celui-ci se composera d'autant de pages qu'il y a d'élèves dans la classe. Il permettra à chacun de noter des éléments qu'il découvre concernant ses pairs.

voir livret de l'élève p. 12

Préambule

A 10-12 ans, les enfants sont à un carrefour où les paroles et prises de position de papa et maman sont encore importantes, mais peuvent être nuancées par les apports d'autres (qu'ils soient adultes ou enfants) et par leurs propres positions, qui se précisent peu à peu. Le thème de la différence fait régulièrement la une de l'actualité. Que l'on parle du racisme, de la politique d'accueil des réfugiés, de l'aide sociale, de la montée de l'extrême droite ou encore de l'intégration des personnes handicapées dans la société, le thème de la tolérance est en jeu. Les enfants peuvent vivre dans un milieu ouvert à la différence, ou dans un milieu très fermé, voire intolérant. Le sujet de la tolérance devra donc être traité tant sur le fond que sur la forme: il faudra pouvoir aider les enfants à discuter sans juger, et à nuancer les positions qu'ils adoptent.

Les différences ethniques

Pour ce qui est des différences liées à l'origine "ethnique", les réalités vécues à l'école seront bien évidemment très variables selon que votre commune/ville accueille de nombreuses personnes d'origine étrangère ou peu. Dans le premier cas, vous aurez sûrement déjà beaucoup réfléchi à la problématique et toutes sortes de stratégies sont déjà mises au point pour y faire face.
Dans le deuxième cas, voici quelques pistes de réflexion et d'action.
A 10-12 ans, les enfants sont capables d'adopter un comportement respectueux envers les personnes d'origine différente pour peu que l'adulte les y encourage. Une information concrète et "scientifique" sur les différences fera œuvre utile: expliquer ce qui fait que la peau peut être de couleurs différentes, expliquer la réalité de tel ou tel pays ou continent pour sortir des clichés souvent véhiculés (par ex.: non, tous les Africains ne vivent pas dans des huttes), amener les enfants d'origines ethniques différentes à parler de leur culture, des richesses et beautés de leur pays d'origine. Inviter la maman d'untel à venir parler du pays, à proposer un plat typique qu'on savourera ensemble, à apprendre aux enfants quelques mots de sa langue.

A cet âge, les enfants sont curieux et ouverts à ces rencontres et à ces découvertes, pour peu qu'on les leur propose.

Eclairage sur la bande dessinée

Lorsque les enfants de 10-12 ans sont confrontés à un être humain qui n'a pas la même origine que la leur, ils vont d'abord le regarder et le jauger en termes "négatifs": il n'a pas la même langue que nous, il n'a pas (éventuellement) la même couleur de peau que nous, il ne comprend pas ce qu'on lui dit ou ce qu'il doit faire en classe, etc. Il est donc important, comme le suggère la bande dessinée, d'aider les enfants à avoir un autre regard, plus positif.
Pour cela, avoir soi-même une attitude positive est indispensable. Il n'est pas toujours facile d'accueillir de nouveaux enfants en cours d'année, en raison du surcroît de travail que cela occasionne. Or si les enfants de la classe perçoivent que c'est un fardeau pour leur enseignant(e), ils seront dans de moins bonnes dispositions, eux aussi, pour accueillir le nouveau venu. Pourquoi ne pas les mettre à contribution: les informer (il faut pour cela l'avoir été soi-même, ce qui n'est – hélas – pas toujours le cas!) de l'arrivée d'un nouvel élève, donner les indications que l'on a sur son origine, préparer l'accueil de l'enfant (une chanson, un "verre" de bienvenue, une banderole), donner des petits conseils comme celui de ne pas assaillir l'enfant, ne pas le presser de questions, demander à l'un ou l'autre élève de préparer les cahiers principaux, demander qui se propose comme "marraine" ou "parrain" de l'enfant pour la première semaine, et établir une tournante dans la classe.
Donner aux enfants l'information concrète sur la réalité qu'a vécue jusque-là l'enfant qui arrive (réalité géographique, historique, politique, quotidienne) afin qu'ils puissent se faire une idée des circonstances qui ont amené ce réfugié chez nous.
Les amener – ce dont, à cet âge, ils sont parfaitement capables – à se mettre à la place de l'autre. Les inciter à réfléchir à différentes questions: qu'est-ce qui te manquerait le plus si tu devais quitter l'école/ta maison/ta commune/ton pays? Que ressentirais-tu: de la peur, de la tristesse, de la colère? Qu'attendrais-tu des personnes chez qui tu arrives? Que leur présenterais-tu de tes habitudes, de ta culture?

Les "autres" différences

Une société de compétition

Pour ce qui est des différences liées à l'aisance matérielle, à l'aspect physique, au handicap, notre société exerce aujourd'hui une pression contre laquelle il est indispensable de lutter. La valeur d'un être humain ne se reconnaît pas toujours dans ce que la personne est mais bien dans ce qu'elle possède et qui la situe – ou non – dans les normes établies de manière implicite: il faut être beau, mince, avoir les vêtements et autres accessoires de LA marque en vogue, regarder les programmes TV que tout le monde regarde, être performant dans tout ce qu'on entreprend. La compétition fait rage, dans tous les domaines: les sportifs se dopent pour gagner, les programmes de télé-réalité cultivent la démarche d'éliminer le "maillon faible" ou le candidat qu'on juge moins "bon", les jeux vidéos sont, pour la plupart, des jeux de combat. Tout cela influence de manière négative les relations entre enfants (dénigrement, brutalité...).

Faire de la résistance

Nous, les adultes, pouvons penser qu'il faut suivre le mouvement pour préparer les enfants à leur vie future, notamment à leur vie professionnelle. Puisque dans la vie le "struggle for life" s'impose (il faut se battre pour y arriver), autant y préparer les enfants aussi tôt que possible! Or c'est un leurre. Le taux de suicide chez les jeunes adultes est très élevé et trouve une partie importante de son explication dans la façon d'éduquer les enfants aujourd'hui. Ne pas mettre de limites fermes ou ne pas dire "non" entretient chez l'enfant une idée de toute-puissance qui sera vite démentie à l'adolescence ou à l'âge adulte, et ce de manière abrupte. Gâter l'enfant à outrance avec du matériel l'habitue à avoir "tout tout de suite", le rend incapable de réagir sereinement à la frustration et étouffe chez lui toute forme de désir, moteur important pour agir. L'inscrire dans une foule d'activités extrascolaires, encourager la performance et la compétition avec autrui, induit chez lui l'idée qu'il doit être à la hauteur de toutes ces attentes implicites, avec comme conséquence une énorme angoisse quand il a le sentiment de ne pas y arriver.
Seuls les adultes ont l'expérience humaine nécessaire pour proposer d'autres valeurs, d'autres modes de relations entre enfants. A 10-12 ans, plus facilement qu'à l'adolescence, les enfants sont encore réceptifs à d'autres messages, qui leur viennent d'adultes référents. Ils peuvent encore assez facilement adopter ces valeurs et comportements autres qui leur sont présentés: respect de l'autre, entraide, solidarité, etc. Ayant adopté ces valeurs et cet esprit résistant au "struggle for life" ambiant, ils seront plus sûrs d'eux, confiants, bien dans leur peau et armés aussi efficacement que possible pour affronter, plus tard, les nouveaux défis qui se présenteront à eux. Car, d'une part, ils seront forts de valeurs positives, qui donnent du goût à la vie, et d'autre part, ils seront moins – ou plus du tout – angoissés à l'idée qu'à la moindre faiblesse, ils pourraient eux aussi basculer dans le clan des exclus, à moins d'être constamment vigilants et à la hauteur des attentes qu'on a à leur égard.

Comprendre les différences et les accepter

Porter des lunettes, avoir les cheveux roux, ne pas porter les vêtements de telle marque, être diabétique, être en chaise roulante, avoir une apparence modeste...: tout peut être sujet à moqueries, voire à rejet de la part des enfants. On peut même en arriver à ce que l'un ou l'autre devienne un bouc émissaire dans la classe. Il convient donc d'y être vigilant et de réagir dès que le problème se présente. Etre à l'écoute de ce qu'un enfant peut dire avec son corps: maux de ventre, maux de tête; ou à ce que des parents peuvent dire: "Il ne veut plus venir à l'école, il a des problèmes d'alimentation, ou de sommeil", etc. Observer et comprendre la dynamique qui a pu se mettre en place et réagir en prenant le problème à bras-le-corps. D'abord par sa propre attitude: ne pas favoriser la compétition entre enfants en commentant les notes obtenues par chacun, complimenter de la même manière tous les talents qui se révèlent et pas seulement les talents "intellectuels", favoriser l'entraide entre enfants (les jeux de coopération peuvent, en cela, être très intéressants), verbaliser la différence et ce qu'elle entraîne comme exigences différentes de votre part: untel est toujours assis devant parce qu'il voit moins bien; untel peut sortir plus souvent pour rendre un service à l'enseignant(e) parce qu'il a un problème particulier, reconnu par les médecins, qui fait qu'il a du mal à rester assis très longtemps; une telle peut répondre oralement aux questions du contrôle parce qu'elle est "dysorthographique", etc.
Verbaliser la différence n'incite pas au rejet. Au contraire: elle permet aux enfants de comprendre, d'accepter que l'enseignant ait des exigences différentes, non "parce que l'autre est le chouchou", mais bien parce qu'il/elle a un "handicap" qui nécessite, justement par souci d'équité, qu'on agisse différemment.

Les disputes, les conflits, les guerres proviennent souvent de la peur de la différence.
Et si tout était pareil? Notre monde serait-il vivable?
Et si tes différences pouvaient m'enrichir? Ne serais-je pas plus tolérant?

1. Et si je me mettais dans ta peau?

But Se mettre dans la peau de différents personnages vivant une même situation afin de prendre conscience de leurs points de vue différents.

Matériel Situations de conflit impliquant 3 personnes.
Exemples:
- deux enfants se battent suite à des insultes, un 3e arrive pour aider son copain;
- un enfant met la balle au-dessus du mur, un autre le frappe, l'enseignant(e) intervient;
- un enfant veut participer à un jeu, deux autres le rejettent parce qu'il est nul dans ce jeu.

La recherche de ces situations-problèmes pourra être menée par l'ensemble de la classe. Elles seront notées sur des feuilles et reproduites en plusieurs exemplaires.

Durée 2 périodes

Déroulement
1e période
Par groupe de trois, les enfants choisiront une des situations de conflit. Ils en feront une petite mise en scène dans laquelle chaque enfant joue successivement un des rôles. Après chaque saynète, l'élève sera amené à noter, pour chaque personnage qu'il a joué, un sentiment qu'il a éprouvé. Ces mots-clés seront placés dans un tableau en trois colonnes (une colonne par personnage) commun au groupe. Notez qu'une même situation pourra être jouée par plusieurs groupes.
2e période
C'est le stade de la mise en commun: les tableaux seront placés à différents endroits de la classe et les enfants se déplaceront pour lire les commentaires. Ensuite, les enfants se réuniront en cercle pour un tour de parole à propos de l'expérience vécue lors de cette activité. Tous les tableaux seront collés sur une même affiche qui sera exposée.

2. Et si ta différence m'enrichissait?

But Découvrir que les différences qui semblent séparer deux personnes peuvent les rapprocher et les enrichir mutuellement.

Matériel Une feuille (en 4 exemplaires par élève) comprenant deux tableaux. Un premier intitulé "Ce qui nous rapproche et ce qui nous différencie" et un second intitulé "Ce que l'on peut s'apporter".
Le premier tableau comprend trois colonnes (1. Ce que j'aime, 2. Prénom d'un élève, 3. Prénom de l'autre élève) et 5 lignes relatives à 5 domaines: jeux, hobbies, sport, matières scolaires, goûts.
Le deuxième tableau reprend ces 5 domaines pour en faire une synthèse entre "Ce que untel peut apporter à untel" et inversement.

Durée 2 périodes

Déroulement
Les élèves se groupent par 2. Chacun choisira de préférence quelqu'un qu'il ne connaît pas bien. Ils complètent les tableaux (plusieurs éléments par colonnes).
Les groupes qui ont terminé afficheront leurs tableaux, liront ceux des autres groupes et pourront échanger leurs impressions. Quand tous les groupes auront terminé, de nouveaux groupes se formeront et réaliseront la même activité. En tout, les enfants auront participé à 4 groupements différents.

3. Qu'est-ce que ma société a reçu des autres sociétés?

On pourra amener les enfants encore plus loin dans la réflexion par la recherche de ce qui, dans notre culture, nous a été transmis par les autres sociétés depuis des siècles et encore actuellement.
Le sujet est très vaste. Voici quelques exemples:
- le langage (voir la chanson de H. Dès: "Polyglotte")
- les sciences
- les mathématiques
- l'imprimerie
- les armes
- la musique
- la peinture
- l'alimentation

On pourra commencer les recherches à partir d'un article de Stéphane Laurent, paru dans *Le Petit Ligueur* n° 5 du 2 février 2005, que nous reproduisons ci-dessous:

"Les Occidentaux ont tout inventé - Vrai ou faux?
De nos jours, les pays les plus développés dans le domaine du commerce, des techniques... sont les pays d'Europe occidentale (Allemagne, France, Italie, Belgique...) et les Etats-Unis. A l'inverse, la plupart des pays d'Afrique, d'Amérique du sud et d'Asie sont dits "sous-développés" ou "en voie de dévelopement". A cause de cela, certaines personnes pensent que les Occidentaux sont supérieurs aux autres habitants de la planète, et qu'ils sont à l'origine de toutes les grandes inventions humaines. Vrai ou faux?
Penser cela, c'est oublier que l'histoire ne se résume pas à la période actuelle. Bien sûr, aujourd'hui, les pays peuplés par les Occidentaux sont les plus puissants et les plus riches. Mais les choses étaient différentes jadis. Ainsi, certaines civilisations anciennes, comme celle des Egyptiens, étaient bien plus évoluées que la nôtre. Par ailleurs, il faut savoir que de nombreuses inventions que nous employons aujourd'hui proviennent de pays lointains. Ainsi, les chiffres que nous utilisons pour compter viennent d'Inde et ont pris la forme qu'on connaît aujourd'hui entre le 12e et le 15e siècle, par l'intermédiaire des peuples arabes. L'imprimerie est, pour sa part, une invention chinoise qui date du 7e siècle. Tout comme la poudre à canon, utilisée déjà au 13e siècle, bien avant les Européens! De plus, il ne faut pas oublier que de nombreux pays d'Afrique - qu'on appelait alors des colonies - ont été occupés pendant des dizaines d'années par les Européens qui exploitaient leurs richesses. Autrement dit, c'est grâce à leurs mines d'or et de diamants, au travail forcé de leurs populations dans les champs, les forêts... que les pays colonisés ont permis à l'Europe de s'enrichir et de se développer. Les Etats-Unis, eux, se sont enrichis grâce à l'utilisation des esclaves noirs. C'est-à-dire, des hommes et des femmes enlevés de force d'Afrique et ramenés en Amérique pour y travailler sans être payés.
Bref, observer l'histoire sur une longue période est important... pour ne pas tirer trop vite des conclusions."

Les élèves liront le 1er paragraphe (sans avoir pris connaissance de la suite du texte) puis s'exprimeront par rapport à la question qui y est posée.
Après un questionnement personnel, les enfants se rassemblent en 2 groupes: un groupe qui répond "vrai" et au groupe qui répond "faux". Chaque groupe établira une liste d'arguments pour soutenir sa position. Ensuite, réunis en cercle, les élèves seront amenés à débattre de la question en s'échangeant leurs arguments.
Les arguments principaux seront affichés au mur. Le débat pourra être clôturé par la lecture complète de l'article.

Toutes ces recherches et ces réflexions peuvent également être à la base d'un projet de plus grande envergure. On peut imaginer d'impliquer les autres classes, l'école entière, voire les parents dans une exposition ayant pour thème "La richesse de la différence".

voir livret de l'élève p. 16

Préambule

Deux points importants dans ce nouveau thème, au regard de la psychologie des enfants de 10-12 ans: la "notion de respect", d'une part; "se sentir libre de s'exprimer, de penser", d'autre part.

Entre 10 et 12 ans, l'enfant devient particulièrement enclin à la discussion: il aime se poser des problèmes, réfléchir, discuter de sujets de tous ordres, notamment moral ou philosophique. Il y est prêt sur les plans intellectuel et psychologique.

Eclairage sur la bande dessinée

Débats sur des matières subjectives: débats difficiles...

Rien n'est plus difficile que les débats sur des matières subjectives comme les matières éthiques, morales ou esthétiques. Lorsqu'il s'agit de discussions portant sur des questions telles que "Oui ou non la Terre est-elle en danger à cause de l'effet de serre?", au moins a-t-on l'occasion d'alimenter le débat par de l'information émanant de documents scientifiques. Et même si tous les avis ne sont pas tranchés dans le domaine, il est possible de confronter des faits objectifs pour se forger une opinion.
Mais quand on discute de la peine de mort, du clonage d'êtres vivants, de l'œuvre de tel ou tel artiste ou de la beauté de telle nouvelle construction, il en va tout autrement. Les avis qui s'expriment ne se fondent sur rien de concret mais se sont forgés peu à peu au gré de l'expérience, de la discussion avec d'autres, dépendent de l'éducation, du milieu d'où l'on vient, de la culture d'origine, de la religion, etc. Remis en question dans l'opinion qu'on exprime, on se sent remis en question dans son identité.

... mais tellement importants!

Il importe d'aider les enfants à se forger peu à peu leurs propres opinions tout en restant ouverts au dialogue et aux idées des autres. C'est là toute la base de la tolérance, du respect de l'autre, de la démocratie. Il convient également de ne pas les laisser emporter par la pensée manichéenne qui aurait tendance à prédominer à l'heure actuelle. La société aime classer les personnes ou les faits de manière un peu simpliste en "bons" ou "mauvais", en "acceptables" ou "condamnables". Elle aime aussi décréter ce qu'il convient d'aimer ou pas, avec une sorte de dictature qui s'exerce sur nous, citoyens, via les médias et la publicité, les modes se succédant à des rythmes toujours plus rapides. Pour être "cool", il faut porter les vêtements "tendance", écouter les artistes à la mode, etc. Aider les enfants à s'émanciper de ces diktats, à exprimer ce qu'ils ressentent vraiment, prend donc toute son importance.

Notion de respect

Entre 10 et 12 ans, l'enfant est particulièrement sensible aux jugements qui s'expriment sur ce qu'il fait ou dit. Même si c'est à l'adolescence que cette sensibilité atteindra son point culminant, les expériences que fera l'enfant avant cela, notamment à l'école, seront déterminantes pour la construction de son estime de soi et de son image de lui-même. Plus elles seront positives, plus il aura de force pour aborder cette période difficile avec sérénité.

De la part de l'adulte

Pas question, bien sûr, de n'exprimer que des avis positifs à propos de ce que fait l'enfant, que ce soit sur le plan intellectuel, artistique ou sportif, sous le prétexte qu'il faut l'encourager et surtout ne pas le frustrer. C'est là un excès auquel ont conduit certains courants pédagogiques et/ou psychologiques qui ont eu – et ont encore – des conséquences qui s'avèrent parfois dramatiques[2]. Arrivé à l'âge adulte, l'être humain n'est alors pas du tout armé pour affronter les obstacles qui se présentent à lui à tout moment. Le sentiment de toute-puissance qu'on avait laissé se développer en lui est mis à rude épreuve, et l'empêche de s'adapter aux exigences et difficultés de la vie réelle.
Il faut évaluer ce que fait l'enfant mais veiller à la façon dont on l'exprime. Un enfant qui entend régulièrement qu'il est nul parce qu'il a 0/10 en dictée, qu'il a fait un dessin qu'on trouve médiocre ou qu'il a raté le goal qu'il voulait marquer, sera profondément blessé et s'enfermera peu à peu dans ses piètres performances, persuadé qu'il n'est pas capable d'autre chose. En revanche, lui dire qu'on est déçu de son travail parce que – visiblement – il n'a pas préparé sa dictée; qu'on n'aime pas trop les couleurs qu'il a utilisées pour son dessin ou encore qu'il faut qu'il s'exerce plus pour manquer moins souvent le goal, sont des expressions constructives de notre évaluation. Elles ne visent pas la personne en tant que telle mais lui donnent des indications sur la manière d'arriver à de meilleures performances.

2 Le taux élevé de suicide chez les jeunes adultes y trouve une autre de ses causes (voir thème 2).

De la part des pairs

Les enfants sont capables de se décentrer, de se mettre à la place de l'autre pour se rendre compte du côté blessant que peuvent avoir leurs remarques.
Il peuvent apprendre à formuler eux aussi leurs jugements de manière nuancée: "Non, je n'aime pas trop ton dessin: je trouve que les couleurs sont tristes" est très différent de "Ton dessin est moche". Les messages "je" prennent ici toute leur importance: pour autant qu'on s'attache à qualifier le comportement ou la réalisation de la personne et non la personne en tant que telle[3].
Entre 10 et 12 ans, les enfants sont aussi tout à fait capables, sur le plan intellectuel, d'appréhender la relativité de notions comme celle de la beauté: cette notion évolue dans le temps (ce que nos grands-parents aimaient comme musique n'est plus forcément ce que nous aimons aujourd'hui – et l'inverse est vrai aussi), dans l'espace (ce que nous trouvons beau ici ne sera pas forcément apprécié de la même façon en Afrique), en fonction de l'âge (ce que j'appréciais comme dessin animé à 4 ans n'est pas forcément ce que j'aime encore maintenant), etc. Les enfants doivent être confrontés à cette réalité: les goûts et les couleurs varient. Oui, ils peuvent se discuter, mais non, ils ne peuvent pas être un motif de sarcasme ou de rejet.

3 Voir thème 10 pour plus de précisions

Les compétences qui auront été développées à travers ces débats, comme celles de commenter, argumenter, nuancer, écouter, sont essentielles dans le développement intellectuel et affectif de l'enfant puisqu'elles sont le reflet de sa capacité à se décentrer.

Chacun a des sensations, des sentiments, des réactions propres.
Les enfants du 4e cycle (10-12 ans) ont tendance à se moquer des différences de réaction de leurs pairs. Face à ces moqueries, beaucoup se replient sur eux-mêmes et n'osent plus s'exprimer de peur d'être jugés. Un des rôles de l'enseignant(e) est d'aider les enfants à s'ouvrir à la diversité et à la respecter. S'ils y parviennent, ils sauront alors que les autres en sont aussi capables, et ils se sentiront libres de s'exprimer et de penser différemment.

TU VOIS CE QUE JE VOIS?

A partir d'un objet ou une construction

But Découvrir la diversité des points de vue à partir d'un objet ou d'une construction identique pour tous les élèves mais vu(e) sous des angles différents. Une même réalité peut être vue de façons différentes et engendrer des interprétations différentes.

Durée 2 périodes

Déroulement:
1e période: situation vécue

Matériel
Feuilles A4 de divers coloris, feuilles A4 blanches coupées en 4, crayons, différents objets non symétriques (ex. une bouilloire, une tasse, une poêle...) et/ou jeux de construction (Lego, pièces en bois...). On pourra également se servir de quatre photos d'un même objet prises de quatre points de vue différents.

Organisation spatiale de la classe
Placer les élèves par groupes de 4 autour de tables réparties à différents endroits de la classe.
Prévoir une ou deux tables en plus que le nombre de groupes d'élèves.
Autour de chaque table, 4 chaises numérotées de 1 à 4, une par côté pour avoir 4 points de vue différents. Sur chaque table, placer une construction (proposer des montages simples) ou un objet.

Déroulement
Chaque groupe de 4 élèves recevra un paquet de feuilles A4 coupées en 4 et quelques feuilles A4 d'une même couleur. Ils prendront place autour d'une table et reproduiront sur 1/4 d'A4 l'objet ou la construction placé(e) en face d'eux tel(le) qu'ils le(la) voient d'où ils se trouvent. Chacun notera le numéro de la chaise sur laquelle il est assis.
Les élèves du même groupe compareront ensuite les dessins obtenus et vérifieront la correspondance de chaque dessin avec la réalité. Ils échangeront, discuteront, argumenteront. Ces 4 représentations seront collées sur une feuille commune au groupe.
Cette feuille sera photocopiée 4 fois afin que chaque enfant ait une trace de la recherche. Ensuite, le groupe se déplacera pour effectuer la même consigne autour d'une autre table.

A la fin de la 1e période, les feuilles seront affichées et les élèves, en cercle, échangeront leurs impressions. On attirera l'attention des enfants sur la diversité de leurs points de vue en insistant sur le fait que chaque représentation constitue une partie de la réalité. Chacun a son point de vue et tout le monde a sa propre vision des choses.

2e période: mise en commun

Matériel
- photocopies des feuilles réalisées lors de la période précédente: 1 feuille par élève et par objet représenté
- feuilles blanches A4 découpées en 4

Toujours en cercle, les élèves seront amenés à échanger leurs impressions sur l'activité réalisée.
Chacun notera sur une feuille de son "livret-puzzle" ce qu'il a appris (ex. "J'ai découvert que je ne vois

pas toujours la même chose que les autres.") et trouvera un slogan qui résume ce qui a été découvert (ex. "Chacun a sa vision des choses."). L'enseignant(e) prendra note des différents avis et slogans sur une affiche qui accompagnera les "œuvres" des élèves. Ces affiches orneront la classe pour un temps. On y reviendra chaque fois que des différences de point de vue émergeront entre élèves.

A partir d'une peinture

But Découvrir la diversité des points de vue à partir d'une même peinture.

Durée 2 périodes

Déroulement:
1e période: situation vécue

Matériel
- photocopies couleur, ou mieux, des cartes postales d'œuvres de peintres abstraits, surréalistes ou symbolistes: Delvaux, Magritte, Dali, Knopff, Kadinsky, Braque, Picasso... (en plusieurs exemplaires: plusieurs groupes peuvent choisir une même peinture). Les œuvres choisies seront variées (au niveau des thèmes, des couleurs, des techniques utilisées...).
- feuilles blanches A4 (pour écrire l'histoire de chaque enfant)
- feuilles blanches A3 (pour collecter les productions du groupe)

Déroulement
Les élèves choisiront une peinture et se grouperont en fonction de ce choix (3 élèves maximum). Chacun sera invité à imaginer une histoire à partir de la peinture qu'il a choisie.
Pour déclencher l'imagination, l'enseignant(e) leur proposera de préciser les éléments suivants: le lieu, l'époque, le moment, les éventuels personnages et le rôle de ces personnages. Chacun rédigera seul son histoire, puis la lira aux autres élèves du groupe qui, par leurs questions et leurs propositions vont permettre d'ajouter des éléments. Chaque enfant complètera alors sa première version. Les histoires seront collées sur une grande feuille (A3) commune au groupe (= feuille récapitulative).

2e période: mise en commun

Matériel
- feuilles récapitulatives (idéalement réencodées à l'ordinateur et corrigées) photocopiées (1 par groupe)
- les œuvres proposées lors de la 1e période

Déroulement
Les groupes (identiques à ceux de la 1e période) recevront un exemplaire de chaque feuille récapitulative et associeront chaque histoire à l'œuvre à laquelle elle correspond.
Assis en cercle, on vérifiera les propositions puis les enfants s'exprimeront sur les différentes histoires qu'ils ont lues.

L'enseignant(e) proposera alors un débat en lien avec les 2 activités vécues (la représentation de l'objet et l'interprétation de la peinture).
- 1e activité: chacun a un point de vue différent sur une chose identique. Mais, on peut prouver que son point de vue est correct.
- 2e activité: Chacun voit une même œuvre mais imagine des choses différentes. Toutes les histoires sont intéressantes.
- Il s'agira d'amener les élèves à faire le lien entre ce qu'ils ont vécu lors de ces deux activités et leur réaction lors d'une dispute ou d'un désaccord dans la vie de tous les jours. Ce sera également l'occasion de rappeler aux élèves l'expérience qu'ils ont vécue lors de l'activité du thème 2 ("Et si je me mettais dans ta peau?") et ce qu'elle avait permis de découvrir.

Note: gestion des affiches
Afin de libérer de la place, on peut les assembler à la fin de chaque mois dans une grande farde qui restera à la disposition des enfants afin qu'ils puissent les consulter régulièrement.

voir livret de l'élève p. 20

Préambule

A 10-12 ans, c'est-à-dire à l'âge où l'être humain n'est plus tout à fait un enfant et pas encore un adolescent, le développement passe par une étape déterminante au cours de laquelle la plus grande vigilance s'impose de la part de l'adulte. En effet, vous savez que les enfants peuvent être cruels entre eux: un petit (ou un plus gros) problème interpersonnel se pose, et les paroles blessantes fusent avec pour cibles l'apparence, la réalité familiale, les résultats scolaires, etc.
Or l'image de soi est la résultante de 3 paramètres:
- ce qu'on est (fille ou garçon, petit ou grand, etc.);
- le regard que les autres portent sur soi (ce que j'entends de ce que les autres pensent de moi);
- l'idée qu'on a du regard des autres sur soi (ce que j'imagine que les autres pensent de moi).

C'est dire toute l'importance de ce qui est dit de soi à cet âge, car même s'il est vrai que les paroles s'envolent, elles peuvent laisser des traces tenaces, voire parfois indélébiles. Il est de ces remarques répétées qui attaquent l'image que l'on a de soi aussi sûrement et durablement que des gouttes d'eau, tombant toujours au même endroit, creusent la roche.

Comment la personnalité se construit

Le développement de la personnalité est influencé par des facteurs multiples et divers; entre autres:

Les attentes de la famille. Déjà dès avant la naissance, des facteurs sont déterminants. En effet, au moment de sa conception, l'enfant est déjà porteur du désir qu'ont ses parents de ce qu'il sera: d'abord désir de sa conception même, préférence pour un petit garçon ou une petite fille, désir d'un enfant en bonne santé, aisé à éduquer, sportif, intelligent, au physique agréable, artiste, etc. La famille élargie (grands-parents, parrain, marraine) est elle aussi en attente de cet enfant et de ce qu'il sera, et projette sur lui un tas de souhaits. Toutes ces attentes influenceront la manière dont l'enfant sera éduqué, ce qui sera déterminant dans la construction de sa personnalité.

La place qu'a l'enfant dans sa fratrie a elle aussi une incidence non négligeable sur la construction de sa personnalité: selon qu'il est l'aîné d'une fratrie ou le plus jeune, qu'il est le seul garçon avec plusieurs filles, qu'il est le deuxième d'une famille comportant 3 enfants, qu'il est enfant unique... Chaque cas de figure a des incidences spécifiques sur son développement.

Les caractéristiques physiques vont elles aussi avoir une influence: être petit n'est pas facile à assumer, surtout pour un garçon; beaucoup de roux ont à subir des sarcasmes à l'un ou l'autre moment de leur vie; les blagues sur les blondes sont largement répandues; être "bien portant" est source de moqueries, etc.
La façon de réagir à toutes ces remarques varie d'un enfant à l'autre et est fonction de son estime de soi.

Comment l'estime de soi se construit

L'estime de soi est l'image que l'on a de soi, et qui doit être suffisamment positive pour se sentir bien dans sa peau et évoluer à l'aise dans la société. Elle se construit tout au long de l'enfance, nourrie par les messages positifs qu'adressent à l'enfant ses parents, ses enseignants – toutes les personnes qui l'aiment et qu'il aime. Ces messages renseignent sur la confiance que l'on a en ses capacités et sont un moteur important de ses apprentissages et de ses progrès, dans tous les domaines. Arrivé à l'adolescence, s'il a développé une bonne estime de lui-même, il sera moins tributaire du regard que les autres portent sur lui.
La fin de l'enfance (entre 10 et 12 ans) marque une étape déterminante dans cette construction, parce qu'il se trouve là au seuil de l'adolescence. Son "monde intérieur" se développe de manière déterminante, l'image et l'estime qu'il a de lui-même évoluent de manière importante à travers les soubresauts

qu'il subit. En effet, l'enfant est dans une position inconfortable: d'un côté, il aspire à être un "grand", considéré comme tel par ses pairs et par les adultes qui l'entourent; de l'autre, il regrette le confort de son enfance protégée et est anxieux ou nostalgique de le perdre.

Changements physiques

Sur le plan physique, l'enfant de 10 à 12 ans doit faire face à des transformations qui le ravissent ou au contraire l'angoissent. Dans ce domaine, les différences peuvent être très grandes d'un enfant à l'autre. Ainsi, dans la classe, alors que certaines "demoiselles" se transforment en femmes, d'autres gardent leur corps de petites filles. Les enfants portent donc une attention accrue à leur corps et sont particulièrement sensibles aux remarques qu'on leur fait à ce propos.

Changements affectifs

Le bouillonnement intérieur est intense à cet âge. tiraillés que sont les enfants entre cette aspiration à être grands et la peur de le devenir, voire la honte de ne pas l'être encore. Confrontés à cette situation inconfortable, ils oscillent entre des moments de vague à l'âme où les larmes peuvent encore jaillir facilement et des moments d'intense activité physique et d'exubérance dans lesquels ils tentent d'échapper à ce vague à l'âme. Ils sont donc particulièrement vulnérables.

Eclairage sur la bande dessinée

"T'es grassouillet..."

A la lecture de tout ce qui précède, on comprend pourquoi il convient d'être particulièrement attentifs aux mots qui s'échangent entre les enfants à cette période de leur développement. Le rôle de l'adulte est très important dans la gestion des conflits qui éclatent entre les enfants, là où les remarques blessantes fusent, utilisées comme armes pour attaquer ou pour se défendre. Il faut faire prendre conscience aux enfants qu'on n'attaque pas un(e) autre sur son physique; que celui-ci constitue vraiment une des bases de l'identité d'autrui. Vous devez réagir sur le fait, fermement, quand ce genre de réflexions blessantes est exprimé. Et si vous vous rendez compte que ces remarques s'échangent régulièrement, il est alors indispensable, pour les faire cesser, de mener une activité de réflexion globale, et non centrée sur la situation d'un enfant en particulier, ce qui aurait pour effet d'accroître son malaise en le stigmatisant. Par contre, si on mène une réflexion plus globale sur le respect dû à autrui, chacun pourra s'y retrouver, que ce soit parce qu'il est petit, qu'il porte des lunettes, qu'il a un nez busqué ou des oreilles décollées. Une "technique" intéressante à cet égard est celle du "cercle magique"[4], où des règles sont instaurées pour que chacun puisse s'exprimer en toute sérénité – s'il le souhaite – à propos de sujets plus sensibles.

"Tu pues de la gueule..."

Une problématique particulière – et qui requiert une approche différente – est celle des remarques inspirées par l'hygiène insuffisante d'un enfant. Le cas échéant, il est important d'en parler en aparté avec l'enfant, pour le sensibiliser au fait que l'hygiène est importante, parce que, d'une part, c'est une marque de respect de soi et des autres, et que, d'autre part, notre santé en dépend. Il est important d'interpeller les parents de l'enfant à ce sujet, ce problème devant bien entendu être géré par ceux-ci. Et si la situation le requiert, ne pas hésiter à faire appel au Centre pour la Promotion de la Santé à l'Ecole ou à l'infirmière du Centre Psycho-Médico-Social qui travaille dans l'école. Ils pourront réfléchir à la problématique avec vous et envisager une action – soit destinée au seul enfant pour qui un problème se pose, soit pour l'ensemble de la classe si cela s'avère utile.

---

[4] Voir aussi p. 41.

Les enfants se retrouvent parfois confrontés à des situations problématiques. Certains sont incapables d'en parler car ils ne trouvent pas les mots pour exprimer ce qu'ils ressentent. De leur côté, leurs copains repèrent leur malaise, ne le comprennent pas toujours et jugent ceux qui en souffrent. Les moqueries fusent et les blessures qu'elles provoquent peuvent être dévastatrices.
Mais les enfants ne sont pas fondamentalement méchants. Ces moqueries sont le reflet de leur méconnaissance des réalités d'autrui. Ils n'ont pas d'autre horizon que leur réalité familiale et n'ont la plupart du temps aucune idée des réalités vécues par leurs pairs. L'enseignant(e) peut jouer un rôle dans cette découverte du vécu de l'autre. Découverte qui les amènera à s'entraider plutôt qu'à se juger.
Chaque année, le 20 novembre, une journée est consacrée aux droits de l'enfant. Voilà une occasion rêvée pour faire découvrir aux enfants une multitude de réalités différentes vécues par des enfants de leur âge.

Le procès

But Découvrir que les préjugés peuvent se révéler faux une fois qu'on connaît mieux la personne et son histoire.

Durée 1 période de 50 minutes

Matériel - Affiches de grand format pour noter les arguments (tracer 2 colonnes)
- Photocopies de l'annexe p. 44-45 (2 exemplaires par élève)
- Mêmes phrases que celles de l'annexe notées en très grand sur des bandelettes de papier de grand format

Notes Si un enfant de votre classe présente une des caractéristiques proposées, il faudra veiller, par délicatesse, à la remplacer ou à la retirer du jeu.

Déroulement
1. L'accusation
- Sans aucun préambule, afficher une à une les bandelettes au tableau en demandant aux élèves de ne pas réagir à voix haute. Les réactions, les images se font mentalement.
- Pour chaque situation, les élèves donneront leur avis par écrit (voir annexe p. 44-45). Exemple: “S'il est trop gros, c'est qu'il mange trop. Il ne sait pas courir. Je ne joue pas avec lui”.
- Les élèves laissent leur feuille sur leur banc et voyagent dans la classe pour découvrir les avis des autres.
- Mise en commun: assis en cercle, on discutera de chaque situation. Laisser libre cours aux réactions et les noter dans la première colonne de l'affiche (= arguments de l'accusation).

2. La défense
- Par 2 ou 3, les élèves deviendront les avocats de la défense. Ils choisiront une des situations et rechercheront un maximum d'arguments pour défendre l'enfant mis en cause. Exemple: “Il a un problème de santé.” “C'est très difficile pour lui de maigrir.” “Ses parents le gavent de sucreries.” “Il doit prendre des médicaments qui le font grossir.”

- Mise en commun: tour à tour, chaque groupe défendra "son" enfant. Les autres élèves prendront note des arguments sur une 2e photocopie de l'annexe. Après chaque défense, l'enseignant(e) notera les arguments sur l'affiche dans la 2e colonne.

3. *Débat:*
   - Inviter les élèves à relire sur l'affiche les deux interprétations de la même situation puis à discuter entre eux de ce qui a été vécu, sur la base de ce questionnement: Comment voyez-vous la façon dont vous avez réagi au début? Réagirez-vous encore de la même façon?
   - Choix d'un titre pour chacune des 2 colonnes (exemple: Ce que je pense sans réfléchir. Ce qui est peut-être la réalité de cet enfant).

Prolongements
- Découvrir la Charte des Droits de l'Enfant (chaque année, le 20 novembre: journée internationale des droits de l'enfant).
- Inviter un avocat qui peut en parler.
- Découvrir les conditions de vie des enfants d'autres pays.

voir livret de l'élève p. 24

Préambule

Avant même de discuter de l'adhésion des enfants aux règles, il nous semble indispensable de se remémorer le rôle primordial que jouent celles-ci dans le développement de tout être humain. A l'heure actuelle, le débat sur les règles est largement répandu; les parents, les enseignants, les pédagogues, bref tous les éducateurs discutent des difficultés qu'ils rencontrent pour faire respecter ces règles, voire simplement pour en imposer. Aujourd'hui, beaucoup d'enfants manquent de repères et éprouvent des difficultés à obéir, à respecter les limites imposées par la vie en société. L'école a bien sûr un rôle à jouer. Toute la question est de savoir comment.

Manque de limites: mal du siècle?

"Un enfant se construit, et le facteur essentiel de sa construction, c'est l'éducation que lui donnent ses parents (NDLR: "et ses enseignants"). C'est elle qui lui permet de devenir un "civilisé". C'est-à-dire un être qui n'est pas seulement guidé par ses instincts et son bon plaisir. Cela suppose que ses parents mettent des limites [5].
Sans éducation, sans guide, un enfant est incapable de développer des comportements adaptés à la vie en société. Naturellement, l'être humain se laisse porter par ses pulsions, ses désirs, ses besoins qui s'expriment dans la violence. C'est l'éducation qui l'amène à dompter ses pulsions, à tenir compte des besoins et désirs de l'autre, à maîtriser sa violence – toutes conditions indispensables au "vivre ensemble".
Dans un passé pas si lointain, les règles étaient imposées avec autoritarisme: règles rigides, sans nuances, assénées sans explication; sanctions sévères réservées à ceux qui les transgressaient et dont les sévices physiques faisaient partie. En réaction à cette réalité, la tendance s'est totalement inversée, confondant autoritarisme et autorité avec toutes les conséquences négatives que cela peut entraîner: enfants difficiles, groupes pénibles à gérer, adolescents désœuvrés, parents et enseignants mal dans leur peau car mis en difficulté dans leur rôle.

[5] Propos de Claude Halmos rapportés dans le magazine *Psychologies* de février 2006, à propos de son livre *Pourquoi l'amour ne suffit pas. Aider l'enfant à se construire* . (Paris, Nil, 1996).

Les règles, conditions du développement harmonieux de l'être humain

Imposer des limites aux enfants, leur inculquer des règles ne signifie pas qu'on les brime mais bien qu'on leur donne un cadre, des repères dont ils ont besoin pour se développer harmonieusement. Quand, dès leur plus jeune âge, les enfants ont devant eux des adultes solides, qui leur donnent des balises pour ne pas être en danger, des indications pour réussir des activités, des autorisations ou des interdictions avant de poser un acte, ils sont rassurés. Rien n'est plus angoissant, pour un enfant, que d'être entouré d'adultes qui changent constamment d'avis, qui lui disent "oui" après avoir dit "non" ou qui lui permettent tout. Ces enfants "tyrans" aux apparences de caïds, qui foncent au gré de leurs envies, cachent en fait beaucoup d'angoisse qui s'exprime dans les pleurs, la colère, les cris, les troubles du sommeil. De plus, ces enfants développent un sentiment de toute-puissance qui, régulièrement, les met en danger et en difficulté par rapport à la réalité du quotidien: ils ne veulent pas aller dormir à l'heure imposée et sont irritables le lendemain, incapables de se concentrer sur les tâches demandées en classe; ils ne veulent pas faire ce que demande l'enseignant et obtiennent des résultats médiocres... On se retrouve face à des enfants maussades, grincheux, blasés de tout, jamais satisfaits... A l'adolescence, on peut atteindre des situations dramatiques. Incapables de faire face à des frustrations, ils peuvent se tourner vers des stupéfiants pour se donner artificiellement cette toute-puissance qu'ils savent ne pas avoir et pour échapper au quotidien dont ils ne supportent pas les exigences.

Des règles, conditions pour un "vivre ensemble" harmonieux

"Ma liberté s'arrête là où commence celle des autres".
Voilà l'autre rôle fondamental que jouent les règles dans notre vie: mettre les conditions nécessaires à notre "cohabitation" avec les autres. Les règles existent à différents niveaux: règles spécifiques à chaque microcosme (la bande de copains, la classe, l'école, la famille), au pays dans lequel on habite, à la culture à laquelle on appartient, à la religion dont on est adepte. De nombreuses règles contiennent en elles-mêmes les conditions du respect des autres et de soi-même: si je respecte le "stop", je permets à celui qui a la priorité de passer et je ne me mets pas en danger d'être renversé par un autre usager de la route. D'autres règles édictent simplement les conditions à respecter dans le lieu qu'on fréquente et sont plus arbitraires: en classe, je ne peux pas garder ma casquette sur la tête; quand je suis dans mon groupe de scouts, je peux le faire.
Dans notre société qui pousse à plus d'individualisme, il est particulièrement important d'aider les enfants à adopter des règles qui les tournent vers les autres, qui leur font renoncer à une part de leur égocentrisme pour veiller au bien-être des autres.

Comprendre les règles

Pour que ces règles soient adoptées puis respectées, il convient qu'elles soient comprises par les enfants. Et c'est là où on peut se féliciter d'être sortis de l'autoritarisme qui régnait jadis, et qui imposait le respect strict des règles qui n'existaient parfois que pour elles-mêmes. Lire, analyser, commenter, discuter le règlement de l'école est une activité importante qui permet de donner tout leur sens à ces balises. Sans doute y aura-t-il l'une ou l'autre règle qui sera contestée (pourquoi ne peut-on pas avoir une mèche de cheveux colorée?), mais les enfants comprendront qu'un consensus doit être obtenu quand on décide d'un règlement pour toute une communauté, et qu'il est normal que certains principes fassent l'unanimité et d'autres pas.
Construire la charte du "bien vivre" en classe, avec tous les enfants, constitue un moment important dans la vie de cette "mini" société. Et le choix de l'expression "bien vivre" n'est pas gratuit: la formule reflète le but poursuivi par ce travail. On n'édicte pas des "lois" pour brimer l'expression ou la liberté, mais pour faire en sorte qu'on se sente bien, à l'aise, dans les moments qu'on va partager ensemble.

Eclairage sur la bande dessinée

La première condition pour que les règles de l'école/de la classe soient respectées par les élèves, est que les membres de l'équipe éducative les respectent eux aussi… Il n'est pas étonnant que la situation ait viré à l'anarchie à un moment où Madame Sandrine était en retard. Si les "éducateurs" ne respectent pas les règles, il est difficile, et vécu comme incohérent, de les faire respecter par les enfants. Par exemple, si les adultes utilisent des gros mots, comment les enfants peuvent-ils comprendre qu'il n'est pas acceptable qu'eux-mêmes en utilisent? Si les adultes ne respectent pas les horaires, comment exiger des enfants qu'ils soient ponctuels?
L'exemple demeure pour l'enfant le moteur le plus puissant pour sa propre évolution, son développement, ses apprentissages. Il suffit de constater combien de jeunes suivent les traces de leurs parents sur le plan professionnel, combien d'enfants se sont lancés dans le tennis depuis que nous avons des championnes au plus haut niveau, combien d'enfants (hélas!, car le corollaire négatif est tout aussi vrai) adoptent des comportements violents parce qu'ils n'ont connu que ce mode de relations dans leur famille.

Cette fiche pédagogique aidera à établir des règles incontournables pour tous en classe. Ces règles sont essentielles pour améliorer les rapports humains et le respect des personnes. Pour être efficaces, les règles de base seront peu nombreuses, affichées et régulièrement évaluées. Chaque règle devra nécessairement répondre à trois critères:

- réalisme: application sans difficulté particulière
- évaluation: chacun peut en vérifier l'application
- pertinence: intégration de valeurs, notamment le respect des personnes

Voici quelques règles de base données généralement par les élèves:

- Je ne me moque pas de quelqu'un.
- Je n'insulte pas quelqu'un.
- Je ne donne pas de coups à quelqu'un.
- Je ne prends pas un objet qui ne m'appartient pas sans l'autorisation du propriétaire.
- Je n'interromps pas quelqu'un qui parle.

La formulation négative de ces règles peut étonner. Pourtant, l'expérience montre que les élèves respectent mieux les règles formulées négativement parce qu'elles clarifient les comportements négatifs et les interdits. Poser en règle de vie "le respect de chacun" n'est pas réaliste car le respect est tellement exigeant et prend des formes si différentes qu'il est pratiquement impossible à appliquer au quotidien. Mais si le respect de chacun est à écarter comme règle, il est à reconnaître et à noter comme souhait.
Les interdits posés clairement, le respect des règles fondamentales s'améliorera nettement.

Il est certain qu'une réflexion préalable avec les élèves sur la question des moqueries, de la violence, des insultes... pourra enrichir l'ensemble du travail qui suit.

1. Un nouveau jeu en récréation

Objectifs Etablir des règles pour un nouveau jeu et identifier l'utilité de ces règles.

Matériel Préparation d'un jeu: papier et crayon par équipe
Pour le jeu, chaque équipe disposera de: ballons, dés, gommettes de couleur, crayons, papiers, papier collant, corde ou ficelle, éventuellement cotillons de couleur.

Temps En classe: 45 minutes pour préparer 4 jeux différents et réfléchir sur l'utilité de règles.
En récréation: 30 minutes pour tester chaque jeu.

Déroulement
Il s'agira de constituer des équipes de 4 (répartir les élèves selon 4 critères); chaque équipe cherchera des idées pour un nouveau jeu pendant 6 minutes. Puis les élèves de deux équipes rassembleront leurs idées et imagineront un nouveau jeu pour la récréation pendant 20 minutes.

Les jeux devront répondre aux conditions suivantes:
• chaque élève de la classe devra pouvoir jouer, s'amuser et bouger;
• ne pas coûter d'argent;
• seul matériel utilisable: ballons, crayons, papiers, gommettes de couleurs, dé, papier collant, ficelle, éventuellement cotillons de couleur.
Chaque équipe présentera son jeu.

Une évaluation (15 minutes) pourra être faite autour de ces questions:
- Quelles sont pour vous les règles les plus importantes dans votre jeu?
  Exemples de règles de base:
  • Personne ne peut être exclu du jeu.
  • Chacun participe s'il en a envie.
  • Pas de moquerie, pas de jugement négatif sur quelqu'un.
  • Pas de coup, ni de brutalité.
- En quoi sont-elles indispensables?
- Que ressentez-vous quand les autres se moquent de vous quand vous présentez quelque chose de nouveau: votre jeu, par exemple?
- Quelles sont les conséquences sur les personnes, sur la classe quand un jeu les exclut?
- Comment vous sentez-vous quand vous êtes obligé de participer à un jeu?

Les équipes adapteront leur jeu en intégrant les règles manquantes indispensables pour un bon déroulement du jeu et pour le respect de chacun. La classe votera pour le jeu qui sera testé en récréation ou pendant le cours d'éducation physique.

2. Des sanctions qui aident à grandir

La sanction est nécessaire pour arrêter un élève qui perturbe les autres. Elle valide les règles de base et permet à l'élève perturbateur de retrouver sa place dans le groupe. Dans la mesure du possible, les sanctions élaborées seront réparatrices parce qu'elles pourront offrir à l'élève la possibilité de construire son identité par un apport à autrui, à la collectivité. La souffrance dans la punition (ou sanction) n'est pas seulement inutile mais elle dangereuse car elle engendre un sentiment d'humiliation qui pousse à la vengeance sur les plus faibles. Par ailleurs, l'élève qui répare a le plaisir de donner, découvre les autres et se construit une identité positive. Il ne sera pas toujours possible de trouver une sanction réparatrice mais il faudra envisager une sanction qui permette à l'élève puni d'apprendre quelque chose et donc d'évoluer.

Objectifs Prendre conscience de l'importance de la sanction en cas de non-respect d'une règle de vie et dresser une liste de sanctions réparatrices.

Matériel Tableau noir, craie

Temps 40 minutes

Déroulement
Dans un premier temps, il s'agira pour l'enseignant(e) d'expliquer à la classe l'importance des sanctions réparatrices. Une fois la notion de réparation comprise par tous, les élèves chercheront des réparations possibles et les noteront au tableau sans les discuter. Puis ils garderont les sanctions qui font grandir, qui permettent de comprendre les conséquences de son acte et qui apportent quelque chose de constructif au groupe. Ils rejetteront toute sanction qui ne sert à rien, ni à personne. Cette liste de sanctions réparatrices sera notée dans un cahier spécial. L'enseignant(e) et les élèves s'en inspireront en cas de besoin.

Une évaluation pourra être faite autour de ces questions:
- En quoi la sanction est-elle indispensable?
- Quand les sanctions réparatrices sont-elles nécessaires?
- En quoi est-ce difficile de trouver des sanctions qui réparent?
- Quelles sanctions ne vous ont pas aidés à grandir?
- Quelles sanctions vous ont aidés à mieux comprendre les autres ou vous-mêmes?

voir livret de l'élève p. 28

Préambule

La société évolue, les temps changent et bien évidemment, les règles doivent elles aussi suivre cette évolution pour demeurer acceptables et cohérentes. Le danger réside dans le rythme auquel les choses s'accélèrent et qui fait que les lois ne font parfois plus qu'entériner des situations de fait, sans une réflexion – liée à un recul nécessaire – pour mettre les garde-fous indispensables à toute dérive. Nous l'évoquions déjà en préambule du thème 1: vous, éducateurs, de même que les parents, êtes aussi emportés dans cette "tornade" et il n'est pas simple de décider des nouvelles balises à imposer aux enfants qui vous sont confiés. On ne peut pourtant faire l'économie de débats en équipe éducative, pour trouver des réponses aux questions telles que: accepte-t-on à l'école le GSM, les piercings, les cheveux colorés, les tee-shirts qui dénudent la taille, etc.?

La morale du "grand enfant"

Paul Osterrieth, dans son *Introduction à la psychologie de l'enfant*, souligne que c'est à ce stade de son développement (entre 10 et 12 ans) que l'enfant intègre le fait que les règles de jeu et les règles de conduite résultent soit d'un nécessaire accord, soit d'une nécessité dont il comprend toujours mieux la nature objective. Il relate aussi les travaux de Piaget[6] dans ce domaine, qui a pu mettre cette évolution en évidence à travers une enquête toute simple.
Demandant aux enfants pour quelle raison il ne faut pas mentir, Piaget a pu grouper en trois stades les réponses données: jusqu'à six ans, on ne doit pas mentir parce que sinon on est puni: la règle est encore tout extérieure; de six à huit ans, on ne doit pas mentir parce que c'est mal: la règle est intériorisée, mais n'émane pas encore de l'individu; à partir de la dixième année, les enfants répondent que le mensonge supprime la confiance réciproque et nuit à l'affection et à l'entente: l'obligation est devenue proprement intérieure et émane d'une nécessité reconnue par l'individu lui-même.
C'est là une évolution fondamentale pour l'enfant qui est à la porte de l'adolescence: plus l'enfant aura intériorisé et fait siennes les règles auxquelles il aura été confronté dans son enfance, mieux il sera "armé" pour faire face aux nouvelles sollicitations qui surgiront de toutes parts. Et à cet âge où sa nature le pousse à s'émanciper de l'adulte, voire à lui tenir tête ou, carrément, à faire le contraire de ce que prônent ses parents, le fait d'avoir adopté des balises solides constituera un garde-fou aux tentations dangereuses pour lui.

[6] JEAN PIAGET, *Le Jugement moral chez l'enfant*, Alcan, Paris, 1932

La nécessaire évolution des règles dans le temps

Quand la télévision ne proposait qu'un programme pour enfants par semaine, ou une heure de dessins animés par jour, quand l'ordinateur, les jeux vidéos et autres "PlayStations" n'existaient pas, il n'était pas nécessaire de limiter le temps passé devant les écrans. Aujourd'hui, ces objets ont envahi les maisons et prennent beaucoup de place. En parallèle, les agences publicitaires ont compris que les jeunes représentaient un potentiel de clientèle plus qu'intéressant et ils les sollicitent à outrance: telle banque encourage les jeunes à exiger plus d'argent de poche de leurs parents, tel message justifie l'utilité des GSM pour les tout-petits, telle marque de sous-vêtements lance une collection pour les enfants où strings et autres "soutiens-gorge" ont leur place, etc. Les grands enfants sont invités à des "boums", des boissons alcoolisées déguisées en limonades leur sont proposées, etc. Les exemples ne manquent pas. En une génération, l'évolution a été telle que tous les repères sont bouleversés. Tout s'est formidablement accéléré en dix ans… l'âge de ces jeunes dont nous nous préoccupons ici. Ce qui explique pourquoi il est particulièrement difficile et perturbant de trouver des réponses à cette question qui se pose sans cesse: faut-il accepter tel ou tel fait ou pas? Comment avoir la certitude minimum qu'on ne se trompe pas en proposant telle ou telle réponse? Nous n'avons pas le recul suffisant pour pouvoir forger notre opinion sur des constats, des études, des analyses à long terme. Aussi devons-nous prendre sur nous pour apporter des réponses aux nouvelles réalités qui se présentent.

Quelles balises?

Confrontés à ces nouvelles donnes, pourquoi ne pas se montrer créatifs et "faire appel à l'équipe"? Nous sommes nombreux, intervenant dans l'éducation des jeunes, à nous poser les mêmes questions. Et les réponses n'existent pas toutes faites. Autant dès lors mettre nos réflexions et expériences en commun: via des forums sur l'un ou l'autre site Internet, via les formations en école ou inter-réseaux, via des "cercles de parole" qui pourraient s'ouvrir aux parents avec l'aide de professionnels comme les membres de l'équipe PMS... Sans oublier, bien sûr, les temps de discussion avec les enfants pour examiner des faits nouveaux qui interpellent nos valeurs, qui sont d'ordre éthique ou plus terre-à-terre comme l'usage du téléphone portable.

Eclairage sur la bande dessinée

Montrer aux enfants qu'on n'est pas réfractaire à une nouveauté mais que, au contraire, on s'y intéresse, encourage les enfants à être réceptifs à ce que nous pourrons leur dire à son propos. Madame Sandrine qui demande qu'on lui apprenne comment envoyer des SMS témoigne de son intérêt et de son ouverture aux technologies nouvelles; demander aux enfants d'amener leurs images Diddl ou autres montre que l'école n'est pas fermée au monde extérieur. Toutefois, une fois posé ce préliminaire, il convient de garder son rôle d'éducateur. Si, par exemple, l'école interdit les téléphones portables, la sanction prévue doit être appliquée dans le cas où un enfant a enfreint la règle. Mais cela n'empêche pas, au contraire, de lancer un débat à propos de son utilisation à l'école ou ailleurs. Discuter avec les enfants de toute situation nouvelle, c'est développer des compétences transversales (être capable de décentration pour envisager des points de vue différents, envisager les divers aspects d'une même réalité) qu'ils pourront transférer dans toute situation nouvelle et qui les aideront à faire des choix judicieux.
Nous pouvons extrapoler par rapport à toutes les sollicitations auxquelles sont confrontés les enfants via les médias. Dans la bande dessinée, le "Tapez 1!" fait bien sûr allusion à la Star Academy. Là aussi, le rôle de l'école doit être d'apporter un autre regard sur les phénomènes médiatiques que sont la téléréalité, les sitcoms ou la publicité. On évitera les jugements de valeur qui peuvent mettre l'enfant mal à l'aise par rapport à ce qu'il vit chez lui, mais on l'amènera à élargir sa réflexion pour être aussi critique et indépendant que possible face à toutes ces sollicitations.

Des sonneries de GSM, l'envoi et la réception de SMS pendant un cours, le désordre et la saleté en classe, les oublis, les travaux en retard ou pas rendus... autant de perturbations fréquentes et agaçantes qui déconcentrent les élèves, usent l'énergie de l'enseignant(e) et contribuent, jour après jour à détériorer l'ambiance de la classe.
Il se peut que des règles propres à l'école entière ou d'office imposées par l'enseignant(e) concernent ces désagréments. Dans ce cas, il n'y a pas lieu de les remettre en question en classe. Si tel n'est pas le cas, il est possible d'en parler ensemble pour choisir des règles qui améliorent le fonctionnement pratique de la classe.
Les sanctions sont fonction de la nature des faits. Un fait grave demande une sanction qui amène l'élève à prendre conscience des conséquences de son acte par rapport à l'autre et à réparer symboliquement en donnant de lui-même. Un fait beaucoup moins grave demande une sanction légère et pareille pour tous.

1. Vie pratique en classe

Dans cette première activité, les élèves évalueront le fonctionnement de la vie pratique en classe. L'enseignant(e) écoutera les avis de chacun, sans rien écarter, et donnera son avis aussi, bien entendu.

But Cerner les diverses perturbations qui dérangent le travail de la classe.
Mettre le doigt sur les occasions qui demandent, pour être prises en charge, des règles pratiques.

Matériel Papier et crayon par équipe; tableau et craie

Temps Environ 40 minutes

Déroulement

Répartis en équipe, les élèves noteront les perturbations qui se produisent régulièrement en classe. Les secrétaires de chaque équipe exposeront les résultats, qui seront écrits au tableau. La classe regardera les principaux faits qui ressortent le plus souvent.
Ensuite, tous ensemble, ils citeront des occasions et des moments de la vie de la classe qui nécessitent une prise en charge adaptée. Par exemple: nettoyage trimestriel, rangements du matériel collectif, aide aux absents, anniversaires, répartition de charges, etc. Cette liste sera notée sur un grand papier.

Une évaluation pourra être faite autour de ces questions:
- Qu'est-ce qui vous a surpris dans la recherche que nous venons de faire?
- En quoi ce travail est-il important pour vous? Pour la classe?
- Qu'est-ce qui a été difficile dans ce travail?
- Qu'est-ce qui a été constructif?

2. Règles de fonctionnement pratique

L'enseignant(e) proposera de choisir quelques règles. Tous les problèmes ne peuvent certainement pas être résolus tout de suite. L'important est de cibler ce qui dérange le plus, dans un premier temps. Lorsque tous appliqueront une règle sans difficulté, l'enseignant(e) pourra proposer, avec l'accord de tous, de classer cette règle, désormais acquise, et d'en pointer une autre à acquérir. Toute difficulté pratique ne pourra pas faire l'objet d'une règle: certains problèmes se gèrent plus efficacement au conseil de classe.
Les règles pratiques seront notées sur une grande feuille. L'important sera de bien différencier ces règles pratiques des règles de vie, qui ne sont jamais remises en question. Pour éviter toute confusion, on nommera ces règles pratiques autrement: règlement d'ordre intérieur, vie pratique en classe.

But Elaborer des règles qui amélioreront le fonctionnement pratique de la classe.

Matériel Pour chaque élève: papier et crayon
Pour chaque équipe: 1 grande feuille de papier (papier à tapisser), un marqueur à large pointe

Temps Environ 40 minutes

Déroulement
L'enseignant(e) notera au tableau toutes les suggestions de règles pouvant améliorer la vie pratique de la classe. Les élèves se mettront par équipe (4 équipes). Chaque équipe se choisira un animateur, un secrétaire et réfléchira à quelques règles pratiques (3 à 5, pas plus) qui semblent prioritaires. Les équipes doivent argumenter le choix de chaque règle. Ce travail prendra 10 à 15 minutes. Les secrétaires noteront les résultats sur une grande feuille et les afficheront au tableau pour commenter leurs choix.
Ensemble, les élèves relèveront les similitudes et garderont les règles reprises plusieurs fois.
Si cette méthode ne fait pas ressortir clairement quelques règles pratiques, il faudra passer au vote pour en choisir quelques-unes.

Une évaluation pourra être faite autour de ces quelques questions:
- Comment s'est passé le travail dans chaque équipe?
- Qu'est-ce qui vous étonne dans les résultats obtenus?
- Toutes les règles sont-elles clairement formulées?
- Quelle meilleure formulation suggérez-vous?

Une équipe se chargera de noter sur une grande feuille les quelques règles pratiques obtenues. Les trois autres équipes chercheront des idées de sanctions rapides, simples, légères, pareilles pour tous. Ils excluront toute sanction humiliante et stupide. Les suggestions de sanctions seront proposées à la classe et à l'enseignant(e), discutées, amendées si nécessaire. L'enseignant(e) se chargera d'attribuer à chaque règle pratique une sanction correspondante en puisant dans les suggestions des élèves.

3. Modifier des règles de fonctionnement pratique
La vie de la classe évolue en fonction de la société dans laquelle l'école se trouve, en fonction des élèves. De nouvelles règles s'avèrent nécessaires au fil du temps. Pour modifier ou ajouter une règle, il importera d'évaluer régulièrement la pertinence des règles, leur application et la nécessité de leur modification. Une semaine après avoir travaillé la deuxième activité, une première évaluation sera réalisée, tant pour souligner les améliorations et féliciter, que pour reconnaître les difficultés récurrentes. Il est intéressant de prévenir les élèves de la date et de l'heure pendant laquelle cette évaluation aura lieu afin qu'ils puissent rassembler leurs observations.

But Evaluer la pertinence des règles de fonctionnement pratique établies précédemment et évaluer leur application.
Modifier la formulation de certaines règles pratiques, en cas de manque de clarté.
Exprimer les difficultés récurrentes et ajouter les règles manquantes nécessaires.

Matériel Tableau et craie, une balle en mousse ou un coussin

Temps Environ 30 minutes

Déroulement
L'enseignant(e) demandera à la classe si la vie pratique est améliorée. Chacun donnera son avis. Les points positifs et négatifs seront notés au tableau.
Les points négatifs seraient-ils améliorés par une nouvelle règle? Si oui, les élèves et l'enseignant(e) modifient ou ajoutent une règle de fonctionnement; la règle sera ajoutée ou modifiée sur l'affiche. Sinon, qu'est-ce qui pourrait améliorer la vie en classe? Exemple: faire des jeux pour mieux se connaître, repeindre et décorer la classe, faire un spectacle pour la fête de l'école…

Une évaluation pourra être faite autour de ces questions:
- Quels points positifs vous ont étonnés?
- En quoi l'atmosphère de la classe est-elle améliorée?
- Nous avons réalisé un travail important sur les règles de base et sur le fonctionnement pratique de notre classe. Que pensez-vous de ce travail?
- Qui avez-vous envie de remercier?

Pour soutenir l'engagement des élèves, chacun prendra la parole lorsqu'il reçoit la balle en mousse. Il sera invité à terminer la phrase suivante par un mot: "ce que je vais apporter pour résoudre les difficultés restantes:…" Exemples: enthousiasme, humour, critique constructive, coup de main, rappel, félicitations, message sympathique, oser parler… L'enseignant(e) notera toutes les réponses sur une grande feuille qui sera affichée. Ce dernier panneau sera aussi intéressant à utiliser ultérieurement.

voir livret de l'élève p. 32

Préambule

A 10 ans, l'enfant est sorti de l'égocentrisme qui le caractérisait jusque-là, tant sur le plan affectif que sur le plan intellectuel. Au point de vue intellectuel, il se détache toujours plus du concret pour établir ses jugements, analyser une situation, comprendre des phénomènes. Cette évolution imprime son influence sur les relations de l'enfant avec les adultes et avec ses pairs. Il s'ouvre de plus en plus aux autres, à ce que ceux-ci pensent ou éprouvent. Il tient compte des points de vue exprimés par les autres. Et si, avant cet âge, les groupes de copains se faisaient et se défaisaient facilement autour d'un jeu ou d'une activité commune, ils prennent maintenant une importance plus grande dans la vie et dans le quotidien de l'enfant. Vous savez quel temps l'enseignant(e) peut passer à régler des conflits après la récréation, quelle énergie il(elle) doit régulièrement mettre dans la gestion des relations entre les enfants pendant les activités d'apprentissage et en particulier pendant les travaux de groupes. Ce rôle s'accroît encore avec des élèves de 10-12 ans.

Plus tout à fait des enfants mais pas encore des adolescents

Jusqu'à l'âge de 10 ans, les groupes n'étaient pas stables et se formaient au gré des jeux qui s'organisaient dans la cour de récréation. Au stade de 10-12 ans, les relations interpersonnelles entrent dans une dynamique nouvelle et prennent une consistance beaucoup plus grande. Les "bandes de copains" s'organisent autour d'un ou plusieurs meneurs, les autres membres du groupe étant soit des faire-valoir, sortes de membres du "fan club", soit de simples suiveurs. Souvenons-nous qu'à ce stade, les enfants ne sont plus tout à fait des enfants mais pas encore des adolescents: ils veulent s'émanciper des adultes, des parents surtout, mais ont encore bien besoin de leur présence réconfortante quand un problème se présente; ils veulent encore plaire à leurs parents et ne pas prendre le risque de "perdre leur amour", mais veulent aussi s'affirmer en tant que grands qui sont capables, notamment par défi, d'actions défendues par les adultes; ils aspirent à plus d'autonomie tout en ressentant de l'angoisse et un besoin d'être encadrés quand ils tentent une expérience nouvelle.

Pourquoi les "bandes" se forment-elles?

C'est dans ce contexte et avec cet état d'esprit que les bandes de copains vont se former. En effet, avec les adultes, dont ils recherchent et apprécient par ailleurs la compagnie, les grands enfants sont toujours confrontés à des frustrations car, à leur grand regret, ils ne sont pas encore capables de comprendre et de suivre toutes les conversations, pas encore autorisés à regarder certains programmes à la télévision, ni à aller dormir à des heures indues.
Dans la bande de copains, par contre, toutes les audaces sont permises, toutes les aventures sont à leur portée, tous les projets sont envisageables. C'est donc un lieu particulièrement exaltant, où les enfants éprouvent beaucoup de plaisir à vivre. Beaucoup d'enfants préfèrent d'ailleurs, à cet âge-là, aller à l'école que d'être en vacances, "parce qu'il y a les copains". Les enfants joueront chacun un rôle dans ces bandes, parfois à leur corps défendant, comme dans le cas des boucs émissaires (voir ci-dessous et le thème 2). Et surtout, des meneurs vont se révéler, de natures diverses et pour des motifs variables.

Rôle des meneurs

Le meneur est un enfant (garçon ou fille) qui présente un profil tel que les autres veulent lui ressembler, lui plaire; il représente celui/celle que les autres voudraient être. Il/elle subjugue les autres au point qu'il/elle les entraîne à leur suite. Mais il peut les "subjuguer" pour des motifs divers:
- le meneur peut être "intégratif", c'est-à-dire jouer un rôle d'entraînement des

autres à sa suite parce que chacun trouve sa place auprès de lui et peut révéler ses compétences et ses atouts propres. C'est généralement un enfant bien dans sa peau, ayant une bonne estime de soi et une assise familiale solide;
- d'autres, par contre, subjuguent plutôt pour leur aplomb, leur audace, leur force de caractère, voire – dans les cas les plus négatifs – par leur agressivité verbale et/ou physique. Les suiveurs trouveront leur place auprès de ces meneurs par crainte des représailles, ou parce qu'eux-mêmes, ayant une piètre estime de soi, éprouvent de l'attrait pour cette figure de "gagnant". C'est là qu'on retrouve régulièrement des enfants en échec scolaire, qui compensent par des actes "forts" les résultats médiocres qu'ils obtiennent dans les activités d'apprentissage.

Les boucs émissaires

Certains enfants sont rejetés par les autres, en sont parfois même les souffre-douleur, parce qu'ils se différencient du groupe par leur physique, leur milieu d'origine, leur apparence... ou parce qu'ils sont trop fermés, trop timides et prêtent le flanc à l'agressivité des autres. Les adultes (parents et enseignants) doivent être attentifs aux signes de souffrance qui se manifestent (par la baisse des résultats scolaires, des problèmes d'alimentation, de sommeil, des pleurs, le refus répété d'aller à l'école, des maladies et maux "imaginaires"). Le dialogue doit s'établir entre l'école et les parents, la situation doit être examinée avec attention et des solutions doivent être apportées pour mettre fin à la problématique, sous peine de la voir s'envenimer et se chroniciser.
Afin de cerner au mieux le phénomène, il nous semble bon de rapporter ici quelques "mythes" que dénonce Jean-Marc Olislagers[7], systémicien qui s'est intéressé à la problématique de l'intimidation et des boucs émissaires à l'école:
- l'intimidation est toujours physique (faux: dans 90% des cas, elle est psychologique);
- l'intimidation n'est qu'un jeu;
- l'intimidation fait partie des conflits entre pairs;
- l'intimidation est l'affaire des garçons;
- intimider ou se faire intimider ne laisse pas de traces (faux: chaque fait de cet ordre peut laisser des séquelles, parfois graves!);
- le comportement intimidateur ne se retrouve que chez les enfants;
- être victime d'intimidation endurcit (faux: cela peut "démolir" un enfant);
- l'intimidation est un rite de passage;
- l'intimidation n'est un problème que pour la cible (faux: du côté du "bourreau" aussi, il y a un problème qu'il faut prendre à bras-le-corps).

Il nous est impossible d'exposer ici "la" manière de gérer ce genre de situations, car chacune de celles-ci nécessite un traitement particulier qui tienne compte de toutes les données en présence. Il ne faut pas hésiter à recourir à l'équipe du centre PMS, ou encore aux médiateurs du Service de Médiation Scolaire en Wallonie.

Eclairage sur la bande dessinée

Le rôle de l'adulte, et donc de l'enseignant, est déterminant dans ce contexte. Pour amener les enfants à trouver des solutions à un problème – tel que celui de choisir les places dans le compartiment du train – il faudra "faire avec" les meneurs. Prendre ceux-ci de front ou vouloir les "casser" voue d'avance l'entreprise à l'échec. Prendre le meneur "positif" comme allié pour faire en sorte que chaque enfant puisse trouver sa place et se sentir bien dans une situation à gérer ne sera pas compliqué. Par contre, trouver la/les clé(s) qui permettra(-ont) d'amener le meneur plus "négatif" à envisager peu à peu une manière positive d'exercer son influence sur les autres s'avère beaucoup plus complexe et délicat, mais est source de grande satisfaction quand on y arrive.

7 Il recommande un livre sur le sujet: *L'Enfant, ni loup, ni agneau...*, de G. Deboutte (Editions Erasme).

Transformer les rapports de force entre les élèves dominants et les élèves dominés en rapport d'égalité respectueuse est un but à long terme. En fonction des circonstances et des personnes que l'on a devant soi, quelqu'un peut être tantôt dominant, tantôt dominé et tantôt spectateur. Les personnes qui dominent les autres partout et toujours sont des exceptions.

Les suggestions qui suivent proposent de mettre en place un jeu de rôles.
Le jeu de rôles est sans danger lorsque l'enseignant(e) le cadre soigneusement à l'aide des règles suivantes:
"Les 6 règles d'or du jeu de rôles:
1. Le sujet du jeu de rôles est un thème "bateau", c'est-à-dire ordinaire, banal, que n'importe qui rencontre dans la vie. Le sujet n'est jamais une histoire qui vient réellement de se passer en famille ou à l'école. Ce n'est jamais une situation à forte charge émotionnelle: divorce, maladie, mort, conflits...
2. La situation est présentée devant la classe, avec détails, prénoms (jamais ceux de la classe) et d'autres âges que ceux des enfants! Donc joue qui veut.
3. Le jeu de rôles dure de 75 secondes à 2 minutes en fonction du nombre d'acteurs. Le temps est précisé à l'avance et les acteurs sont arrêtés net lorsque le temps est écoulé.
4. Les consignes données aux acteurs sont précises: tu réagis avec colère, tu refuses ce qui t'est proposé.
5. Lorsque le jeu est fini, les acteurs quittent leurs noms d'acteurs, racontent comment ils ont réagi dans le jeu de rôles.
6. Ensuite commence une exploration de ce que le jeu de rôles révèle ou ne révèle pas sur la réalité." [8]

1. Rapports de force

L'action (le thème) du jeu de rôles se déroulera volontairement au sein d'un groupe d'adultes, afin de distinguer clairement les acteurs des personnes réelles. C'est aussi la raison pour laquelle les prénoms des acteurs doivent être différents des prénoms de la classe; on évitera aussi les surnoms qui portent à dérision. Les personnages du jeu de rôles peuvent être indifféremment masculins ou féminins. Il y a interdiction de se toucher sinon le jeu de rôles est stoppé immédiatement.

Objectif Identifier des rapports de domination entre des personnes d'un même groupe.

Matériel Chronomètre pour le jeu de rôles, étiquettes pour les prénoms des rôles, feutre noir pour écrire les noms des acteurs

Temps 40 minutes

Déroulement
Exemple de thème du jeu de rôles:
Cadre: Dans un centre sportif, 6 adultes entre 35 et 55 ans font chaque semaine du fitness ensemble. Le temps est très chaud dehors et le conditionnement d'air du centre ne marche plus.
Action: Tous arrivent en même temps. Immédiatement et selon son habitude, un personnage se moque ouvertement de deux autres: de l'un parce qu'il porte un survêtement démodé, de l'autre parce qu'il a grossi. Par crainte du ridicule, il refuse même que ces deux-là viennent courir avec lui et les autres. Selon lui, ils n'ont qu'à choisir une activité où ils seront seuls. Sans toutefois les insulter, ni les toucher, ce personnage les dénigre, les rabaisse; il est certain que tous les autres partagent son avis. Deux autres acteurs assistent à cet échange sans rien dire. Connaissant la chanson, un autre acteur s'éloigne assez vite avec le prétexte de s'entraîner sur un tout nouvel engin.".

Les élèves seront répartis en 4 équipes par tirage au sort. Le jeu de rôles étant improvisé, chaque équipe ne préparera sa saynète que pendant 2 à 3 minutes. Pour assurer une ambiance décontractée et constructive,

---

8 Voir Touka, *Programme d'éducation sociale pour les 3-12 ans* (extrait de la fiche 68) réalisé par Clefs pour la Jeunesse asbl.

l'enseignant(e) veillera à faire applaudir et remercier chaque équipe après chaque représentation.

Lors de l'évaluation, s'expriment d'abord ceux qui ont joué les rôles des dominés, puis les dominants, puis viennent les observations des spectateurs.
Quelques questions qui peuvent être posées:
- Quels gestes, quelles paroles avez-vous observés?
- Qu'est-ce qui était dérangeant?
- En quoi ces jeux de rôles sont-ils réalistes? Irréalistes?
- A quelles situations de la vie quotidienne pensez-vous, en regardant ces jeux de rôles?
- Dans quelles circonstances des jeunes sont-ils dominés par d'autres?
- Quelles peurs peuvent empêchent les dominés de réagir?

2. Comment faire?

Il est nécessaire de travailler en même temps avec 3 types d'élèves. D'une part les dominés, les victimes qui se laissent faire depuis longtemps, qui ne s'expriment pas ou peu, qui croient qu'ils doivent tout accepter pour être tranquilles et avoir le droit d'exister. D'autre part, les dominants qui imposent, oppriment, dictent aux autres leurs conduites et leurs choix, voire même excluent, sans être nécessairement conscients de leur impact négatif sur les autres. Les premiers comme les seconds peuvent découvrir qu'il est possible d'avoir une place positive et participative dans le groupe en renonçant aux rapports de force. Enfin, il est nécessaire de travailler avec les spectateurs qui se croient sans responsabilité; face à une injustice, ces silencieux regardent sans réagir parce qu'ils pensent que ce n'est pas leur problème. Or ces spectateurs passifs forment le public dont les dominants ont besoin pour jouer les chefs; ils doivent aussi connaître leurs responsabilités, découvrir leur pouvoir d'action positif.

La responsabilité est à différencier de la culpabilité. La responsabilité est la capacité de tout être humain de s'affirmer devant un problème, une difficulté, un drame, dans lequel il a été impliqué en tant qu'acteur ayant ou non commis une faute ou une erreur. Cette capacité l'amène à agir constructivement réparer, sans attendre qu'une autorité lui impose de le faire.
La culpabilité contient la notion de faute, qui fige la personne dans un état de coupable, diminuant sa capacité de reconnaître et réparer ses actes.

Objectifs Identifier des responsabilités du dominé et des spectateurs et identifier des réactions concrètes lorsqu'on subit un rapport de force.

Matériel Tableau et craie

Temps Environ 40 minutes

Déroulement
L'enseignant(e) pourra reprendre le scénario de la bande dessinée "Voiture 15! Cabine 6!" ou lire l'histoire d'une personne opprimée par une autre. Il pourra également raconter une expérience personnelle ou celle d'un ancien élève. Par exemple, dans une classe quelqu'un n'ose pas s'opposer à un leader qui trouve nuls ceux qui ne portent pas certaines marques de vêtements... Les élèves et l'enseignant(e) chercheront des responsabilités concrètes à prendre quand on est dominé et quand on est spectateur: oser dire un avis différent de l'avis des autres, oser dire clairement son désaccord, chercher une personne qui peut aider, aller vers celui ou celle qui est dominé(e), l'encourager à s'exprimer, proposer une alternative... L'enseignant(e) notera au tableau les réponses des élèves en deux colonnes: une colonne pour le dominé, une colonne pour le spectateur. Les élèves pourront observer ce qui ressort davantage dans les deux colonnes. Les élèves, par équipe, termineront l'histoire en imaginant qu'un spectateur prenne une responsabilité qui engendre des effets positifs sur le dominant, le dominé et sur ceux qui assistent à ce rapport de force.

Une évaluation pourra être faite autour de ces questions:
- En quoi cette histoire est-elle réaliste?
- Quelles nouvelles responsabilités avez-vous découvertes?
- Quelles responsabilités avez-vous envie de prendre?
- Quels moyens concrets non violents avez-vous découverts pour réagir dans un rapport de force?

voir livret de l'élève p. 36

Préambule

"L'union fait la force", déclare notre devise nationale. Oui, mais en 175 ans, les choses ont bien changé! Et si le principe garde tout son sens, la société nous impose de nouveaux modes de relations interpersonnelles qui nous interpellent. Nombreux sont les parents qui ne savent plus quelle option prendre, aujourd'hui, pour l'éducation de leurs enfants, qui ne savent plus quelles valeurs ils doivent leur inculquer: "Si je lui inculque un sens aigu de la générosité et de la sensibilité au bien-être des autres, sera-t-il "armé" pour faire face aux réalités de notre société de compétition? Ne va-t-il pas se faire "rouler" ou "manger" par les nouveaux prédateurs? Pourra-t-il se faire sa place dans la société?"
Pas facile de décider de l'attitude à adopter. Pourtant, des philosophes et autres penseurs l'affirment: pas d'avenir pour notre monde sans solidarité, sans une attention portée au bien-être de tous et non à un nombre restreint de privilégiés.

Le règne de la compétition

La compétition fait rage, dans tous les lieux de vie. Les enfants entendent ces messages partout et constamment autour d'eux (voir thème 2). Tout est prétexte à des compétitions. Les entreprises doivent être compétitives, les championnats des différentes disciplines sportives désignent chaque année LE n°1, le concours Reine Elisabeth désigne LE meilleur musicien/chanteur, on élit chaque année Miss Belgique, etc.
Et l'école aussi, malgré ses efforts pour ne plus établir de palmarès, continue à classer les élèves, à désigner les "bons" et les "moins bons" élèves en fonction des résultats obtenus dans les branches "maîtresses" que sont les branches des savoirs et savoir-faire en langage écrit et en mathématiques. Rares sont les établissements qui mettent aussi à l'honneur les enfants qui ont de bonnes compétences sur les plans artistique ou sportif.

Valoriser toutes les compétences

Un enfant sera plus facilement attentif aux autres s'il est bien dans sa peau et qu'il a une bonne estime de soi (voir thème 4). Tant que ce n'est pas le cas, il sera en recherche de sa place dans le groupe, comme nous avons pu le voir dans le développement du thème précédent, avec toute la dynamique existant autour des "dominants" et "dominés". Il sera sans cesse en recherche d'une reconnaissance de la part des autres, à TOUT prix.
Il vous est impossible, bien sûr – et c'est là toute la difficulté de votre tâche – de compenser toutes les expériences négatives que l'enfant peut vivre dans sa famille. Mais vous jouez toujours, dans son parcours de vie, un rôle très important – voire déterminant.

Récemment, lors d'une journée de travail sur les enfants difficiles, le docteur André Denis – pédopsychiatre au Centre de Santé Mentale de Tournai – confortait en ce sens une institutrice de l'enseignement spécialisé "de type 3"[9]. Elle témoignait de son découragement, expliquant qu'avec tel élève difficile, tout était chaque jour à refaire pour essayer de le faire évoluer. Ce médecin lui a assuré que non, que chaque fois qu'elle lui mettait la main sur l'épaule en s'adressant à lui, qu'elle prenait du temps pour discuter avec lui, qu'elle l'accrochait par le regard pour qu'il écoute ce qu'elle disait, tout cela s'imprégnait de manière indélébile dans ce jeune, en une expérience humaine positive qui lui disait "je m'intéresse à toi et me préoccupe de toi". Et que tout cela constituait des "tendeurs" qui pouvaient le maintenir accroché dans son groupe avec une attitude socialement acceptable.

[9] Enseignement réservé aux enfants présentant des troubles du comportement.

L'exemple suivant est tout aussi parlant: un enfant considéré comme "difficile" nous confia assez vite au cours d'un entretien: "Je suis bête, je le sais: papa le dit". Si en plus, en classe, cet enfant entend le même message parce que ses résultats sont insatisfaisants, il ne pourra que continuer à être agressif avec les autres pour faire taire les quolibets. Si son enseignante, par contre, met en valeur sa débrouillardise lorsqu'elle lui confie une course, le félicite parce qu'il a progressé par rapport à la dernière évaluation, se félicite d'avoir pu compter sur sa dextérité pour arranger tel objet détérioré, l'enfant sera d'abord revalorisé à ses propres yeux mais aussi aux yeux des autres. Car les enfants sont attentifs aux paroles de l'enseignant(e) à l'égard de l'un d'eux, et sont facilement prêts à le(la) suivre dans l'appréciation qu'il(elle) exprime sur les talents ou le comportement de leur condisciple.

Eclairage sur la bande dessinée

Les enfants seront capables de coopération et de solidarité pour faire face à une situation si on les y amène, tous les jours, à travers les petites et grandes réalités du vécu quotidien du groupe. Si on instaure un système qui fait que l'enfant qui est absent pour maladie aura quand même ses cahiers en ordre quand il revient en classe. Si on parle ensemble en classe, et qu'on prépare le retour dans le groupe, de l'enfant qui a vécu un drame familial (perte d'un membre de sa famille, incendie de sa maison, etc.). Si on instaure un système de "charges" assumées chaque jour pour le bien-être de tous. Si on sensibilise les enfants à l'économie de l'énergie, et de l'eau en particulier, parce que c'est un bien précieux. Si on n'expose pas "les plus beaux" dessins mais tous ceux qui ont été réalisés.
Mais il faut aussi élargir le débat à des réalités plus larges, pour que l'idée puisse faire son chemin dans le vécu et la façon de penser de l'enfant, et ce, de manière durable.
Ainsi, on peut se préoccuper de comprendre pourquoi des personnes d'origine étrangère éprouvent le besoin de quitter leur pays pour venir vivre chez nous. On peut analyser les objectifs qui sont poursuivis dans la construction de l'Europe. Ou écouter les témoignages de personnes qui partent à l'étranger pour faire de la "coopération au développement".
Toutes ces discussions amènent les enfants à se décentrer, à faire preuve d'empathie, à envisager le point de vue de l'autre, toutes conditions pour qu'ils puissent envisager de résoudre des situations par la coopération et non par la loi du plus fort.

Faire de la résistance

Il n'est pas simple de pousser les enfants à coopérer les uns avec les autres puisque cela va à contre-courant d'une tendance actuelle largement répandue. Mais nous relevons là le plus beau défi de notre métier d'éducateurs, puisque nous aidons les enfants à révéler le meilleur d'eux-mêmes sur le plan humain pour qu'ils soient les véritables acteurs d'un monde meilleur.

Coopérer, c'est... agir ensemble pour réussir ensemble.
Agir, ne plus être spectateur mais acteur de la réussite de tous.
Dans cette optique, l'enseignant(e) n'est plus le(la) seul(e) représentant(e) du savoir.
Tous peuvent prendre le pouvoir d'aider les autres à grandir. Chacun devient responsable des autres: plus question de les écraser pour devenir le meilleur. Le maître-mot est l'entraide afin que chacun aille au plus loin de ses capacités.
Cette coopération fonctionnera en partenariat, chacun ayant des choses à offrir à l'autre.
Elle se déclinera au quotidien dans un climat de respect, d'attention aux autres et d'écoute.
Ce sera une démarche de tous les instants: impossible d'intégrer dans une classe des périodes de tutorat ou des conseils de classe si l'ensemble de la démarche pédagogique ne va pas dans le sens de la coopération.
Cette démarche pédagogique n'est pas utopique. Voici quelques outils pour y parvenir.

Coopérer pour s'entraider

Les recherches par petits groupes, le tutorat, les débats, les jeux de société (notamment les jeux coopératifs), le conseil de classe permettront d'instaurer un climat d'entraide et de respect mutuel. Ils modifieront le regard que les élèves ont des autres. Ceux-ci découvriront les capacités et les difficultés de leurs pairs et par la même occasion les richesses et faiblesses qui leur sont propres.

Coopérer: des pistes...

1. Coopérer à la réussite de tous grâce au tutorat[10]

Le tutorat sera un moment privilégié d'entraide entre les élèves.
Chaque élève pourra aider un autre ou demander de l'aide dans la matière de son choix.

Matériel
- étiquettes (couleur différente à chaque période de tutorat)
- affiche "tutorat": noms des élèves de la classe + espace pour coller 2 étiquettes côte à côte
- affiche "groupes formés": étiquettes "offres" et "demandes" + espace pour les commentaires (1 affiche par période de tutorat (50 cm de large) qui se superpose à la précédente)

Fréquence du tutorat
Une période par semaine ou tous les quinze jours, mais sa régularité devra être respectée.

Préparation du tutorat: auto-évaluation
Chaque élève dressera la liste des matières vues en classe. Puis, par 3, ils établiront une liste commune. Afin de la rendre complète, ils pourront "grapiller"[11] des idées dans les listes des autres groupes. Chacun recevra la photocopie de la liste de son groupe (dont l'orthographe aura été corrigée par l'enseignant(e)).
Vous pouvez donner une photocopie de l'horaire de la semaine ou de la quinzaine écoulée.
Les élèves s'auto-évalueront en coloriant un point à côté des matières reprises.
Vert = je me sens capable d'expliquer cette matière.
Orange = j'aimerais encore m'exercer.
Rouge = j'aimerais être aidé.
Cette auto-évaluation sera rangée dans la farde d'évaluations.

Propositions pour la formation des groupes
Chaque élève recevra 2 étiquettes. Sur l'une, il inscrit une "offre" et sur l'autre une "demande" ainsi que son nom et la date. On pourra aussi proposer deux offres et pas de demande ou l'inverse, mais chacun devra participer. Afin qu'il soit réellement acteur de son apprentissage, il sera très important que l'enfant choisisse lui-même ce qu'il offre et ce qu'il demande.

---

[10] Pour en savoir plus sur le tutorat, http://www.segec.be/~salledesprofs/ressources/boitesaoutils/methodologie/methodologie.html#TutoratCycle3
[11] D'après une expression de Charles Pépinster (Groupe belge d'Education Nouvelle).

Groupement des élèves
Les étiquettes seront collées au tableau en deux colonnes (offres-demandes). A partir des offres et des demandes, les groupes (pas plus de trois élèves) pourront se former. L'enseignant(e) n'interviendra que si des problèmes se posent.

Traces de l'activité
Les étiquettes utilisées seront collées sur l'affiche "groupes formés", et les non utilisées sur le tableau "tutorat" en face du nom des élèves. Lors d'une autre période de tutorat, les élèves pourront reprendre ces propositions ou les abandonner s'ils s'aperçoivent qu'elles n'ont plus de raison d'être.

Evaluation
Sur l'affiche "groupes formés", à côté de leur étiquette, les élèves indiqueront leur avis concerrant le travail effectué. Ces commentaires pourront être repris pour apparaître dans le bulletin ou dans la farde d'évaluations.

Rôles et limites
- L'enfant prendra conscience de ses capacités, apprendra à s'auto-évaluer, synthétisera ce qu'il a appris afin de le transmettre.
- Le groupe-classe se soudera. Les enfants découvriront le partage et l'entraide. Cette ambiance de soutien mutuel apaisera les angoisses face à l'échec.

Prolongement
Afin d'éviter que des enfants soient toujours en demande, l'enseignant(e) proposera un tutorat "spécial champions". Chacun listera en quoi il est champion (surtout ne pas limiter aux matières scolaires) et proposera ses offres (priorité à ceux qui n'ont jamais été "tuteurs"): explication des règles d'un jeu, description de la passion des soldats miniatures, etc.

2. Coopérer grâce aux jeux coopératifs

Il existe de nombreux jeux coopératifs qui sont d'une richesse inouïe concernant les rapports qui se créent entre les enfants. Quel bonheur d'entendre tous les acteurs du jeu crier ensemble leur victoire. Et, s'ils ont tous perdu, jamais ils ne cherchent à accuser les responsables car ils le sont tous. Ils envisagent alors immédiatement d'autres tactiques pour réussir ensemble. Pour leur faire prendre conscience de l'intérêt de l'entraide et établir ensemble de nouvelles stratégies, il est intéressant de prévoir régulièrement des périodes réservées aux jeux.

3. Coopérer à la résolution de conflits grâce au conseil de classe

La coopération, c'est apprendre à oser exprimer ses sentiments, à écouter les autres, à chercher des solutions dans les conflits, mais aussi, accepter les remarques et les conseils des pairs. Tous ces apprentissages de la "vraie" vie de groupe peuvent être vécus lors du conseil de classe. [12]

Coopérer? Vigilance recommandée!

Instaurer la coopération dans une classe ne pourra se faire sans établir avec les enfants un contrat de vigilance quotidienne de la part de tous les intervenants: élèves et enseignant(e).
Il faudra partir à la chasse des remarques négatives et encourager la remarque positive, qu'elle émane aussi bien des élèves que de l'enseignant(e)!
Il faudra également être très attentif(-ve) à vos pratiques: si vous insérez un seul élément qui ne corresponde pas à la coopération, vous perdrez la confiance de vos élèves.

---

12 Pour plus de détails concernant ce sujet, voir le thème 9 de ce livret.

voir livret de l'élève p. 40

Préambule

Pas simple de voir clair dans les conflits qui éclatent régulièrement dans une classe ou à l'école. Tous les protagonistes arrivent avec leur version des faits, bien excités. Comment clarifier la situation, identifier le vrai du faux? Qui croire? C'est d'autant plus délicat que, d'une part, les enfants ont un sens aigu de la justice et réagissent très mal quand il leur semble qu'elle n'est pas respectée et que, d'autre part, ils comptent de toute façon sur l'adulte pour jouer les arbitres et résoudre leurs conflits.

Le règne des conflits

Les enfants sont très régulièrement confrontés à la violence (notamment dans les médias), à l'agressivité, à des conflits qui éclatent dans leur environnement, que ce soit très près d'eux (à un niveau que nous qualifions de "micro", c'est-à-dire dans la cellule familiale) ou dans leur environnement plus large (au niveau "macro": école, quartier, monde).

A un niveau"micro" – quand les parents ne s'entendent plus

De nos jours, de très nombreux enfants sont, à un moment ou à un autre de leur vie, et parfois à plusieurs reprises, confrontés aux conflits qui éclatent dans leur famille. C'est le cas lorsque des tensions existent au sein du couple parental, au point d'entraîner une séparation des parents, puis que des conflits persistent entre les parents pour les modalités de la séparation (dont les enfants peuvent d'ailleurs être un des enjeux); il arrive aussi que des rivalités éclatent alors entre l'ex et le nouveau conjoint, ou entre les enfants des uns et des autres... La situation est fréquente, l'école ou l'enseignant en particulier n'en sont pas exclus puisqu'ils peuvent être interpellés par les uns ou les autres pour témoigner ou prendre parti. Il est important de rester en dehors du conflit. D'en rester à ce que dit la loi: l'autorité parentale continue, même après un divorce, à s'exercer de manière conjointe. Ce sont aux parents, dès lors, à s'arranger pour échanger des informations au sujet de l'enfant, et non à l'école à pallier le manque de communication entre eux en faisant des photocopies du bulletin qu'on envoie à l'autre parent, en permettant à l'un des deux de venir rendre visite à son enfant à l'école, etc. Il est important de parler aux enfants concernés, pour qu'ils sachent qu'on ne prend pas parti dans le conflit, que ses deux parents continuent à être considérés de manière équivalente comme étant des interlocuteurs valables lorsqu'il s'agit de sa scolarité. Cela permet à l'enfant de rester à l'aise à l'école, sans qu'il soit pris dans des conflits de loyauté par rapport à l'un ou l'autre de ses parents.

A un niveau "macro"

Les médias ont envahi notre quotidien et nous renvoient l'image d'un monde qui ne va pas trop bien...
Les enfants, avec qui vous lisez la presse, sont sensibles aux événements impressionnants que sont les attaques terroristes, les conflits armés dans le monde, les faits divers dramatiques. Ils entendent parler de tout cela à la maison aussi, leurs parents prennent parti ou exposent leur opinion.
Entre 10 et 12 ans, les enfants s'ouvrent toujours plus à ces réalités qui sont pourtant éloignées de leur vécu – tant sur le plan spatial (guerre en Irak) que sur le plan temporel (seconde guerre mondiale). Ils y sont prêts aux niveaux

intellectuel et psychologique. Comme leur personnalité est en pleine construction, tous ces faits peuvent les impressionner énormément et être sources d'angoisse: aura-t-on la guerre chez nous aussi? Mon papa devrait-il partir loin et être exposé au danger, lui aussi? Suis-je à l'abri de toute agression? Quel avenir me réserve-t-on?
A cet âge, les enfants sont sortis de l'idée de la toute-puissance de leurs parents qui peuvent les protéger de tout et ils ont une conscience aiguë des dangers qui les guettent, maintenant qu'ils entrent dans le monde des "grands". Ainsi, il est étonnant de constater les inquiétudes qu'expriment les élèves de 6e année primaire quand on évoque leur entrée en secondaire. Certes, ils ont peur de ne pas réussir, peur que les professeurs puissent être plus sévères et moins chaleureux qu'en primaire. Mais ils expriment aussi énormément leur crainte d'être agressés par les plus grands dans le nouvel établissement scolaire, d'être poussés à prendre de la drogue ou d'être victimes de racket. Quand ces craintes s'expriment, nous ne les éludons pas, mais nous amenons les enfants à trouver des réponses à ces faits éventuels, à imaginer les ressources auxquelles ils pourront faire appel au cas où il leur arriverait d'être vraiment confrontés à l'une ou l'autre de ces situations.

L'éducation à la paix commence dans la vie quotidienne

Il est impensable, aujourd'hui, de gérer les relations entre les enfants par le seul biais de la gestion au coup par coup des conflits qui apparaissent au quotidien. On ne peut faire l'économie d'une analyse plus globale, disons "macro", et pluridisciplinaire. Les enfants de 10-12 ans sont capables de discuter de faits d'actualité, comme ils sont capables de discuter des faits de la vie quotidienne de la classe. Et c'est à travers toutes ces activités, toutes ces situations, que vous aiderez les enfants – à cet âge où ils sont particulièrement réceptifs – à se faire une opinion sur ce que sont les conflits, les guerres. Sur les bénéfices qu'en retirent certains mais surtout sur les degâts qu'ils occasionnent et les traces qu'ils laissent. Ils pourront transférer, dans la gestion des conflits qui éclatent en classe, un tas de constats et de réflexions qui auront surgi lors de ces discussions.

Eclairage sur la bande dessinée

L'intérêt du conseil de classe

Devoir "inventer" une procédure quand un problème a éclaté est moins efficace puisqu'il faut instaurer des modalités de résolution du conflit avec des personnes qui sont déjà à couteaux tirés. Par contre, si des lieux ont été prévus pour gérer ces conflits, on a déjà mis des balises avant même que ceux-ci ne surviennent et les choses peuvent se passer de manière plus sereine.
Les règles de fonctionnement du conseil de classe doivent avoir été clairement définies: il faut savoir qui l'anime (si ce n'est pas toujours l'enseignant), quels sont les sujets qui peuvent y être abordés, quelles seront les modalités respectées pour la prise de parole.
La gestion d'un conflit qui ne concerne que deux personnes a-t-elle sa place dans le conseil de classe? J'en doute, car les enfants risquent de prendre le parti de l'un ou de l'autre en fonction des affinités préalables et on ne pourra pas aller bien loin. Par contre, aborder des problèmes comme des faits de racket, des dégradations qui ont été commises sur du matériel, le problème d'un enfant qui est le bouc émissaire, bref tous sujets qui doivent concerner tous les enfants de la classe, s'avérera efficace. On peut en effet annoncer à l'avance le thème qui sera abordé lors de la prochaine réunion et chaque enfant peut déjà y réfléchir, "se mettre en mouvement" pour se faire une opinion et apporter des réponses. Et c'est la dynamique de la classe tout entière qui en tirera du bénéfice.

Le conseil de classe est un moment et un lieu privilégiés où les élèves prennent librement la parole. Ils y parlent de ce qu'ils vivent ou aimeraient vivre au sein de la classe, de l'école et parfois même de leur famille.
Respect de l'autre et de sa différence, écoute et participation actives de chacun sont les piliers d'un conseil de classe réussi.

Rôles du conseil de classe

Le rôle premier du conseil de classe sera de créer dans la classe un climat de parole et d'échange.
S'il est organisé régulièrement, les élèves acquerront des habitudes de communication positive et constructive.
Chacun pourra s'exprimer sur des sujets divers amenés par les élèves de la classe.
Dans un climat de confiance réciproque, les élèves plus timides oseront s'exprimer progressivement et apprendront à avoir confiance en eux, suivant cette logique: "Si je ne peux pas me moquer des autres quand ils disent quelque chose, alors, on ne se moquera pas de moi non plus."
Les élèves pourront également se valoriser les uns les autres en se félicitant mutuellement. Ils apprendront à devenir responsables d'eux-mêmes et des autres.

Le conseil de classe ne s'improvise pas, il se prépare. Il faudra charger deux élèves de le planifier et de l'organiser. Tous les élèves participeront à sa préparation en affichant des propositions de débat et en lisant celles des autres. Si des problèmes d'organisation ou de gestion du conseil de classe apparaissent, les élèves devront établir en concertation des règles de fonctionnement. Ces règles se mettront en place progressivement en fonction des événements vécus par la classe.

Matériel

- 4 boîtes correspondant aux 4 classements ci-dessous, contenant des étiquettes sur lesquelles seront notées des débuts de phrases (voir annexe p. 46-47). On pourra créer ces débuts de phrases avec les élèves.
  1. Félicitations: je félicite..., je remercie..., je suis fier(-ère)..., j'ai aimé...
  2. Problèmes: je suis triste, furieux(-euse), fâché(e), déçu(e), peiné(e), blessé(e), je n'aime pas...
  3. Propositions: j'aimerais que..., je propose que...
  4. Autres: j'ai peur..., j'ai remarqué que..., j'ai décidé que..., j'ai envie de parler de...
- "Panneau du conseil" (environ 40 cm x 40 cm) divisé en 4 parties (les 4 classements ci-dessus)
- Un "objet de parole" (un micro, un bâton, un chapeau, une mascotte...) qui permettra de prendre la parole.
- Des feuilles "Echos du conseil" de format A3 qui reprendront les comptes-rendus (P.V.) de tous les conseils.
- Un "tableau de paroles" (voir annexe p. 47) permettant de noter synthétiquement ce dont il a été question pendant le conseil (qui a dit quoi?)
- Une feuille "Sujets résolus entre nous" de format A3 sur laquelle les élèves viendront placer les étiquettes qui n'ont pas fait l'objet d'une discussion au conseil car les élèves concernés ont trouvé eux-mêmes une solution.

Gestion du conseil

Deux rôles seront essentiels à la bonne gestion du conseil de classe:
- Celui du président qui dirigera les débats et donnera la parole en distribuant l'"objet de parole"
- Celui du secrétaire qui prendra note des sujets évoqués, des décisions prises et des personnes qui ont pris la parole.

Le président, le secrétaire et le professeur prépareront l'ordre du jour à partir des étiquettes déposées sur le panneau du conseil et rédigeront le compte-rendu.
Les élèves choisiront librement d'être président ou secrétaire mais laisseront leur place à deux autres élèves pour le conseil suivant. Chacun des élèves aura l'occasion d'endosser ces deux rôles au cours de l'année.

Rôle de l'enseignant(e)

- Pendant la mise en place du conseil, au début de l'année, l'enseignant(e) prendra l'animation en charge

et "montrera l'exemple" aux enfants.
- Ensuite, il(elle) co-animera le conseil de classe avec le président et le secrétaire.
- Il s'agira progressivement de laisser les élèves animer le conseil seuls, tout en les épaulant. Il faudra également soutenir les plus timides.
- L'enseignant(e) limitera le temps de parole et veillera à ce que le conseil ne dépasse pas le temps prévu (être intransigeant à ce sujet).
- Il(elle) interviendra pour exclure un élève s'il perturbe le conseil.

Fonctionnement

1. Organisation spatiale
- En cercle: chaque élève doit pouvoir voir les autres sans bouger.
- En un endroit précis: dans une partie de la classe ou dans une autre pièce de l'école (utilisable à chaque conseil). On peut aussi déplacer les bancs et les mettre en cercle.
- Assis sur une chaise ou sur un banc (mal assis, ils ont tendance à remuer et à se gêner).

2. Organisation temporelle
La durée ne dépassera pas 50 minutes, une fois par semaine ou tous les 15 jours, à vous de décider. Mais il faudra respecter la régularité mise en place quoi qu'il arrive.
A la fin de chaque conseil, la date du prochain conseil sera fixée afin de pouvoir s'y préparer.

3. Préparation du conseil
- Les élèves complèteront une étiquette de leur choix et la fixeront sur le panneau du conseil.
- L'ordre du jour sera préparé par le président, le secrétaire et l'enseignant(e) qui s'effacera peu à peu.

4. Déroulement du conseil
- Le président lira le P.V. du conseil précédent et donnera la parole à ceux qui désirent ajouter quelque chose (Quelle a été l'évolution des choses dont on a discuté?).
- Il distribuera la parole par l'intermédiaire de l'"objet de parole" en se basant sur l'ordre du jour et en se référant au "tableau de la parole". L'élève qui aura proposé un sujet lira son étiquette et développera son sujet. Tout élève nommé aura un droit de réponse.
- Le secrétaire résumera ce qui a été dit sur des feuilles A3 (= Echo du conseil). Les étiquettes seront collées sur la colonne de gauche et les décisions prises seront notées dans la colonne de droite. Les synthèses des réunions seront affichées. Ces traces permettent de conserver les décisions prises antérieurement et de se rendre compte de l'évolution du contenu des conseils.
- Le secrétaire reporte sur le "tableau du conseil" le nom des élèves qui auront pris la parole afin de la laisser à d'autres au prochain conseil.

Règles du conseil

En dehors des règles de base: respect, écoute, confidentialité, il est préférable que les règles apparaissent progressivement en fonction des événements. Vécues, discutées puis approuvées, elles auront plus de force que si elles avaient été instaurées d'office. De plus, les élèves s'exerceront réellement à la démocratie.

Limites du conseil de classe

Pour qu'il fonctionne correctement et donne de bons résultats, le conseil de classe devra être structuré. Pour cela, il doit:
- commencer à l'heure, pas question de terminer une activité. Il faut qu'il garde son importance;
- être limité dans le temps sinon les enfants ne s'arrêtent plus et les échanges deviennent stériles. Une durée limitée permet d'aller droit au but et d'apprendre à synthétiser les idées. L'enseignant(e) sera garant(e) de sa durée, mais on peut placer une minuterie devant le président et le secrétaire afin que tous se rendent compte du temps qui reste
- respecter la confidentialité des propos échangés;
- respecter les enfants qui ne veulent pas s'exprimer. On leur laisse la parole, mais on ne les oblige pas à parler. Par contre, on limitera la parole de ceux qui veulent intervenir tout le temps;
- Etre vécu dans le calme. Si un élève perturbe le conseil, on mettra le point à l'ordre du jour et on établira des règles avec les élèves.

voir livret de l'élève p. 44

Préambule

Il y a quelques années déjà, les professeurs de l'Ecole d'Interprètes Internationaux de Mons faisaient ce constat: le problème, pour leurs étudiants, n'est pas d'apprendre une langue étrangère, mais bien de n'avoir qu'une maîtrise très insuffisante de leur langue maternelle qu'est le français. Ils manquent dès lors du bagage lexical nécessaire pour traduire un texte d'une langue étrangère vers la leur. Et ce constat se généralise.
Sans doute vous faites-vous, vous aussi, cette réflexion à propos de nombreux enfants qui fréquentent votre classe: ils manquent de vocabulaire pour s'exprimer ou comprendre les consignes que vous leur donnez. Alors si les jeunes manquent déjà de mots pour citer les choses qui les entourent, comment peuvent-ils faire part de leurs sentiments, de leurs craintes, de leurs blessures? Exprimer ses émotions n'est déjà pas chose aisée. Si, en plus, on manque de mots pour le faire, la tâche est d'autant plus ardue!

Le développement du langage

Un enfant apprend à parler en imitant les adultes qui l'entourent, qui s'adressent à lui, nomment les choses qu'il manipule, commentent ses faits et gestes, mettent en mots ce qu'il semble éprouver. Le cerveau de l'enfant fait peu à peu toutes les connexions nécessaires pour que nos dires fassent du sens, que des liens s'établissent entre les événements et qu'il puisse à son tour exprimer ce qu'il souhaite. L'intelligence, à la première étape de la vie, est qualifiée d'intelligence "sensori-motrice" parce que l'enfant apprend en vivant des expériences sensorielles (sentir des odeurs agréables ou non, entendre des sons liés à un événement, toucher quelque chose qui est froid, etc.) et motrices (tenter d'agripper quelque chose qui est lourd, porter un objet à la bouche, etc.). Là aussi, le cerveau fait des liens à travers toutes les expériences que vit l'enfant. Puis le langage vient aider à organiser toutes ces expériences dans la tête, et celles-ci permettent au langage de s'enrichir en retour. Le jeu occupe une place capitale dans tout ce processus: pas seulement les jeux sensori-moteurs, mais aussi les jeux du "faire semblant" (d'être une maman, un cow-boy, une institutrice...). Ces jeux-ci occupent une place capitale dans le développement affectif et intellectuel de l'enfant car ils lui permettent de dompter ses peurs, de se libérer d'expériences pénibles, d'anticiper des événements annoncés, bref d'explorer et de s'approprier la réalité.

Réduction de la communication

Le rythme de la vie s'est accéléré, les activités professionnelles ou de loisir se sont multipliées et tout doit aller vite: on n'a plus que peu de temps, en famille, pour se voir et se parler. Parfois même, dans ces rares moments, la télévision s'invite elle aussi dans le cercle familial et monopolise l'attention. Ou même, chacun a sa télé dans sa chambre et choisit le programme qu'il regardera en solitaire. Certains enfants passent leur temps à "chatter" sur Internet avec des personnages quasi virtuels, mais ne discutent que très peu avec les personnes qui vivent sous le même toit qu'eux.
Les agents de police sont beaucoup plus sollicités qu'avant pour intervenir dans des conflits de voisinage ou des conflits intrafamiliaux: les gens ont parfois perdu à ce point l'habitude de se parler qu'ils se sentent incapables de le faire et font appel à des tiers pour pouvoir gérer leurs conflits.

Apprendre à parler, à communiquer

A la lecture de ce qui précède, on voit à quel point le travail des enseignants est plus difficile qu'avant dans ce domaine, mais en même temps quelle importance capitale il revêt. Apprendre à dire à l'autre ce que je ressens, ce qui m'a

blessé, comment j'ai compris ce qu'il m'a dit permet d'ajuster les choses au fur et à mesure de l'évolution de la relation, permet d'aplanir les difficultés qui apparaissent, voire de les éviter; cela permet aussi d'intégrer les expériences que l'on fait, de faire le tri des émotions ressenties.
Le travail qui se fait au travers d'une thérapie psychologique, par exemple, n'est rien d'autre que cela. Si le motif de la prise en charge est le fait d'avoir vécu un événement traumatisant, par exemple, il n'est pas question de faire oublier l'événement, mais bien de faire en sorte qu'il puisse être intégré et "compris" par la personne, de sorte qu'elle puisse poursuivre sa vie "malgré tout". Il est important que les instituteurs puissent adopter ce mode de communication (voir messages en "je") avec leurs élèves lorsqu'ils s'adressent à eux, mais aussi avec les parents des élèves quand il s'agit de leur communiquer des informations concernant leur enfant. Plus les enfants sont baignés dans ce style de communication interpersonnelle, plus il leur est aisé de l'adopter.

Eclairage sur la bande dessinée

Importance du message en "je"

Pour vous, enseignants, tout comme pour les enfants, il est important de pouvoir verbaliser ce qu'on ressent par des messages en "je": des messages qui disent ce que moi j'ai besoin ou envie d'exprimer par rapport à un fait, et non des messages qui agressent ou portent un jugement sur l'autre.
Si vous dites à un enfant: "J'ai du mal à supporter que tu bouges sans cesse parce que ça m'empêche de me concentrer sur ce que je suis en train d'expliquer", il peut être réceptif aux efforts qu'on lui demandera de faire afin que la situation change. Si en revanche vous lui dites: "Tu es insupportable! Pas étonnant que tu n'aies pas de copain en classe!", la remarque le fige dans son attitude et le ferme à toute tentative pour remédier au problème. Le message en "je" exprime donc à l'autre ce qu'on ressent ou ce qu'on a ressenti par rapport à une attitude qu'il a eue à notre égard et lui donne une ou des raison(s) qui explique(nt) ce sentiment. Cela le renseigne sur l'impact qu'a son attitude sur autrui, d'une part, et sur les moyens qui sont à sa portée pour faire en sorte que les choses changent, d'autre part.
L'adoption de ce type de formulations demandera un apprentissage et de l'exercice mais démontrera rapidement son efficacité dans la dynamique des relations interpersonnelles au sein de la classe.

Le "cercle magique"

Cette façon de formuler les choses redoublera encore d'efficacité si on l'utilise dans un contexte comme celui du "cercle magique", où les règles et la disposition du groupe sont clairement définies avant la discussion d'un thème spécifique, et dont le but est d'amener progressivement les enfants à formuler des idées personnelles (par ex.: "Je peux vous parler d'un lieu où je me sens bien"). Les règles sont les suivantes: personne n'est obligé de parler, chacun s'engage à ne rien répéter en dehors du groupe de ce qui se dira pendant le temps du "cercle magique", chacun écoute celui qui s'exprime dans le silence et sans manifester de réaction (rire, étonnement, jugement). Ce sont des moments privilégiés. Ils font partie d'un programme de développement affectif et social qui a été mis au point par l'équipe d'Uvaldo Palomares et Géraldine Ball, et qui est d'une grande efficacité pour amener les enfants à mettre des mots sur ce qu'ils ressentent [13].

13 UVALDO PALOMARES ET AL., *Programme de développement affectif et social. Guide de l'animateur. Prévention et résolution de conflits*, Montréal, Editions Actualisation (Collection "Le Cercle Magique"), 1987.

Le non verbal représente une part non négligeable de la communication et notre attitude non verbale peut être décodée de multiples façons. Cela vaut la peine de s'y attarder.
Les activités proposées donneront aux enfants des clés pour exprimer plus clairement leur ressenti afin d'être mieux compris et de mieux comprendre ce que les autres veulent exprimer réellement.

L'aspect non verbal de la communication

But Exprimer le mieux possible un sentiment donné par les mimiques du visage, l'attitude générale, les gestes qui accompagnent la parole et découvrir que malgré tous nos efforts, nos interlocuteurs ne comprennent pas toujours ce que nous voulons exprimer.

Durée Petites périodes d'1/2 h à étaler sur 1 ou 2 semaines en fonction du nombre d'élèves
+ 1/2 période pour réfléchir à l'activité (utiliser les découvertes)
+ expression sur le vécu lors de moments de parole

Matériel Etiquettes sur lesquelles seront notés des sentiments ou des états d'âme (liste dressée par les élèves)

Déroulement

A. Activité

Lors de chaque période, 2 ou 3 élèves mimeront le sentiment ou l'état d'âme indiqué sur l'étiquette reçue. Les autres observeront et noteront (sur une feuille de leur "livret-puzzle") ce qu'ils croient avoir compris.

B. Echanges entres élèves

Après chaque mime, on comparera les différentes réponses en les argumentant. Vous pourrez insister sur ce point: plusieurs personnes peuvent comprendre une même attitude de différentes manières. On pourra réfléchir également avec les enfants sur d'autres façons d'exprimer ce même sentiment. Des élèves pourront proposer d'autres mimes. A chaque fois, il s'en suivra des discussions.
A partir de là, vous pourrez leur proposer de rechercher comment être sûr de bien se comprendre puisque les gestes ne suffisent pas toujours. La communication orale est indispensable. Le mime pourra alors se transformer en jeu de rôles.
Après la présentation de tous les mimes, on pourra rechercher ensemble un titre pour cette activité et une (ou plusieurs) phrase(s) qui résume(nt) ce que l'on a découvert. Chacun prendra des notes dans son livret.

C. Utiliser les découvertes

Cette activité est le point de départ d'une autre façon de vivre la communication. A présent, les enfants vont intégrer dans leur quotidien ce qu'ils ont découvert.
Ils imagineront des situations dans lesquelles utiliser les découvertes. On leur proposera aussi des moments (lors des conseils de classe par exemple) pour raconter des situations qu'ils auront vécues.

L'aspect verbal de la communication

Créer une "banque de mots"

But Elargir le bagage syntaxique propre à l'expression des sentiments, des états d'âme afin de les utiliser dans des situations réelles. Cette activité permettra aux enfants d'exprimer de façon plus précise les émotions qu'ils ressentent et par là, d'être mieux compris. La compréhension mutuelle est en effet un outil essentiel à la résolution de conflits.

Durée 3 périodes pour l'activité et 1/2 période pour les échanges à propos de cette activité

Matériel Bandes dessinées et/ou magazines, appareil photo (numérique de préférence), dictionnaires, affiches

Déroulement

A. Activité

1. Créer une galerie de portraits
Fabriquer avec les enfants des galeries de portraits exprimant des sentiments et états d'âme à partir de personnages de bandes dessinées, de photos extraites de magazines (visages d'enfants illustrés dans les récits de Tremplin) ou à partir de photographies des élèves de la classe.
2. Etablir une liste de sentiments
   - Déposer les portraits à différents endroits de la classe. Par petits groupes, les élèves associeront à chaque portrait les états d'âme et sentiments qui y correspondent. S'il y a plusieurs personnages sur le dessin ou la photo, on cherchera ce que chaque personnage peut ressentir. Plusieurs groupes pourront réfléchir à partir du même portrait.
   - Lors de la mise en commun, les échanges entre enfants permettront de mettre en évidence le fait que plusieurs interprétations sont possibles. On notera donc toutes les possibilités acceptées par les élèves sous chaque photo.
3. Elargir la liste des sentiments
   - Pendant quelques minutes par groupe de trois, ils rechercheront au dictionnaire, si nécessaire, des synonymes pour chacun des mots trouvés afin d'élargir la palette de sentiments de départ.
   - Lors de la mise en commun, on complètera chaque liste avec des mots nouveaux trouvés dans les autres groupes.
   - Ces affiches seront fixées sur les murs de la classe et dans l'école.

B. Réflexion sur l'activité

- Depuis que vous les avez découverts, avez-vous déjà utilisé ces mots?
- Dans quelles situations pensez-vous qu'ils vous serviront?

On dressera une liste de situations dans lesquelles cette banque de mots pourra nous servir. Cette liste prendra place dans le "livret-puzzle".

C. Utiliser les découvertes

L'enseignant(e) sera attentif(-ive) à toutes les situations permettant en pratique des découvertes. Lors des conseils de classe (voir thème 9), les élèves pourront parler des situations vécues.

Créer des messages qui commencent par "je"

But Apprendre à s'exprimer en utilisant des messages à la première personne qui n'agressent pas le récepteur.

Durée 2 périodes

Matériel
- De grandes bandelettes reprenant des débuts de phrases (taille de police 45) avec de l'espace qui permet de reformuler.
- Etiquettes à créer avec les élèves pour constituer la banque de données.

Déroulement

- On cherchera des situations inacceptables. Chaque élève complètera les bandelettes sur lesquelles sont écrits des débuts de phrases tels que: "Je ne supporte pas quand tu...", "Je déteste quand tu...", "J'ai horreur que tu...", "Je suis dégoûté(e) quand tu....", "Je trouve que tu es.......... quand tu ...."
- On affichera ces situations au tableau pour les classer en deux catégories:

1. Jugement moral tel que: "c'est pas bien", "ça ne se fait pas"
2. Jugement personnel tel que: "je n'aime pas", "je ne supporte pas"

- Par groupe de 2 ou 3, on cherchera à transformer ces phrases pour qu'elles commencent par "Je me sens...... quand tu..." , tout en utilisant la banque de données des sentiments et états d'âme de l'activité précédente.
- On prendra le temps de lire les différentes propositions et de sentir la nuance qu'apportent les messages exprimant une émotion en regard des messages qui posent des jugements de valeur. L'enseignant(e) pourra nourrir cette réflexion avec des questions du style: "Comment vous sentez-vous quand on vous parle de cette façon?" et avec un rapprochement à la vie quotidienne: "Dans quelle(s) situation(s) pourrait-on utiliser ce type de message? A l'école? A la maison? En classe?".
- L'élève notera dans son "livret-puzzle" les apports personnels qu'il a eus par rapport à l'activité.
- Le conseil de classe sera également l'occasion de parler régulièrement du vécu des messages "émotifs".

Noé est obèse.	Aurélie est allergique.
Ton avis (ce que tu penses de cette situation):	Ton avis (ce que tu penses de cette situation):
....	....
....	....
....	....
....	....
Ton explication (pourquoi cet enfant est-il comme ça? pourquoi vit-il comme ça?):	Ton explication (pourquoi cet enfant est-il comme ça? pourquoi vit-il comme ça?):
....	....
....	....
....	....
....	....
Pierre-Henri a un drôle de nom.	**Anne-Catherine louche et a des vilaines dents.**
Ton avis (ce que tu penses de cette situation):	Ton avis (ce que tu penses de cette situation):
....	....
....	....
....	....
....	....
Ton explication (pourquoi cet enfant est-il comme ça? pourquoi vit-il comme ça?):	Ton explication (pourquoi cet enfant est-il comme ça? pourquoi vit-il comme ça?):
....	....
....	....
....	....
....	....

Logan habite dans une maison sale aux vitres cassées.

Ton avis (ce que tu penses de cette situation):

....

....

....

....

Ton explication (pourquoi cet enfant est-il comme ça? pourquoi vit-il comme ça?):

....

....

....

....

Isabelle porte toujours les mêmes vêtements et sent mauvais.

Ton avis (ce que tu penses de cette situation):

....

....

....

....

Ton explication (pourquoi cet enfant est-il comme ça? pourquoi vit-il comme ça?):

....

....

....

....

Le papa de Julien a quitté sa maman pour vivre avec un autre monsieur.

Ton avis (ce que tu penses de cette situation):

....

....

....

....

Ton explication (pourquoi cet enfant est-il comme ça? pourquoi vit-il comme ça?):

....

....

....

....

Antoine est trop intello, le nez dans ses livres et il ne veut jouer avec personne.

Ton avis (ce que tu penses de cette situation):

....

....

....

....

Ton explication (pourquoi cet enfant est-il comme ça? pourquoi vit-il comme ça?):

....

....

....

....

Etiquettes

Je félicite .... parce que	Je remercie .... parce que ....
Je suis fier/fière .... parce que	J'ai apprécié que .... parce que ....
Je suis triste que .... parce que	Je suis furieux(-euse) de/contre ... . parce que ....
Je suis fâché(e) à propos de .... parce que	J'ai décidé que .... parce que ....
J'ai envie de raconter que .... parce que	Je n'aime pas que .... parce que ....
J'aimerais que .... parce que	Je propose que .... parce que ....
J'ai envie de parler de .... parce que	J'ai/Je ....

Tableau de la parole des conseils de classe

Conseil de classe du ....

Félicitations:

Problèmes:

Propositions:

Autres:

Tableau des compétences

	THÈME 1	THÈME 2	THÈME 3	THÈME 4	THÈMES 5	THÈME 6	THÈME 7	THÈME 8	THÈME 9	THÈME 10
RÉFÉRENCES PIASC										
Se connaître, avoir confiance en soi (identité)										
• Reconnaître et exprimer ses besoins, ses goûts, ses sensations, ses émotions...	•	•	•	•		•	•		•	•
• Agir et poser des choix en fonction de qui je suis			•			•		•	•	
• Oser essayer, oser prendre des initiatives								•	•	•
• Oser s'affirmer (argumenter, affirmer son plaisir, sa position, ses convictions...)	•	•	•	•	•	•	•	•	•	
• Etre critique face à soi-même, à ses productions							•		•	
• Accepter le changement, s'adapter					•			•	•	•
Connaître l'autre et ses différences										
• S'intéresser aux autres	•	•	•	•	•	•	•	•	•	•
• Savoir écouter, adopter une attitude positive d'écoute	•	•	•	•	•	•	•	•	•	•
• Dialoguer, échanger	•	•	•	•	•	•	•	•	•	•
• Considérer la réalité des autres, reconnaître les différences et les similitudes entre sa réalité et celle des autres	•	•	•	•	•	•	•	•	•	•
• Concilier ses goûts, ses besoins et ses intérêts avec ceux des autres					•	•	•	•	•	
• Agir avec fair-play dans le respect de soi et de ses partenaires					•	•	•	•	•	
• Résoudre des conflits					•	•	•	•	•	•
S'impliquer dans la vie sociale										
• S'engager, assumer son engagement, persévérer					•			•	•	
• Coopérer, travailler en équipe, agir collectivement dans une réalisation commune, négocier		•		•	•	•	•	•	•	•
• Comprendre les règles de vie, participer à leur élaboration, les respecter					•	•	•	•	•	•
• Jouer un rôle actif comme citoyen dans le développement de la société démocratique					•		•	•	•	
• Déployer des conduites réfléchies dans des situations d'utilisation de biens et de services										
RÉFÉRENCES CECP										
Interagir avec son environnement social: communiquer										
• (T1) S'adapter à son environnement					•					
• (T2) Etre ouvert aux autres et au monde	•	•	•	•	•		•	•	•	•
• (T3) Accepter la différence		•	•	•			•	•	•	•
• (T5) Communiquer l'information, sa démarche, ses résultats et argumenter			•	•	•	•	•	•	•	•
AUX SOCLES DE COMPÉTENCES (ATTITUDES RELATIONNELLES)										
Se connaître, prendre confiance										
• Se prendre en charge								•	•	
• Prendre ses responsabilités					•	•		•	•	
• Faire preuve de curiosité intellectuelle										
• Être sensible à la vie, à la nature, à l'art			•							
Connaître les autres et accepter les différences										
• Ecouter	•	•	•	•	•	•	•	•	•	•
• Dialoguer	•	•	•	•	•	•	•	•	•	•
• Travailler en équipe		•	•	•	•	•	•	•	•	•
• Laisser s'exprimer	•	•	•	•	•	•	•	•	•	•